저자의 말

어린이 여러분, 안녕하세요. 《천방지축 천년손이와 사자성어 신비 탐험대》를 쓴 김성효 선생님이에요. 천년손이와 자래, 수아와 함께 사자성어 모험을 떠날 어린이 여러분을 뜨겁게 환영합니다. 선생님은 초등학교에서 오랫동안 어린이들을 가르쳤어요. 어떤 어린이가 책을 잘 읽고 공부를 잘하는지도 잘 알지요. 바로 우리말과 글을 좋아하고 열심히 익히는 어린이들이에요.

왜 그러냐고요? 책을 읽거나 공부할 때 모르는 말이 많으면 어떨까요. 맞아요. 어떤 내용인지 읽어도 이해하기가 어려워요. 특히 우리말은 한자어로 된 말이 많아요. 우린 잘 모르고 쓰지만, 평소에 자주 쓰는 일상적인 말조차 한자어로 된 게 대부분이에요. 한자를 많이 알면 알수록 책 읽기도 쉬워지고, 공부도 쉬워지는 이유예요.

그럼 그 많은 한자를 어떻게 해야 쉽게 배울 수 있을까요?

이건 여러분한테만 살짝 이야기해 주는 건데요. 사자성어처럼 네 글자가 모여서 하나의 뜻을 새롭게 만드는 걸 배우는 거예요. 그러면 어려운 한자어도 더 빨리, 더 많이, 더 재미있게 익힐 수 있어요. 한자나 사자성어를 잘 모르면 어떻게 하냐고요? 괜찮아요. 굵은 글씨로 뜻을 살짝 표시해 놓았으니 이야기를 따라 사자성어들을 쉽고 재미있게 익혀 보세요.

닥락궁 도술학교에서 도술을 배우는 꼬마 신선 천년손이도 아직 사자성어들을 잘 몰라요. 깨달음의 두루마리를 들고 용족인 친구 자래, 구미호족인 수아와 함께 사자성어들을 찾으러 모험을 떠났지만, 검은 매화단이 그 뒤를 바짝 쫓고 있지요. 과연 천년손이 삼인방은 인간 세상에 흩어진 사자성어들을 모아서 검은 매화단을 무찌를 수 있을까요? 여러분이 도와줘야 해요. 우리 함께 떠나요. 사자성어를 찾으러!

주요 인물 소개

천년손이
닥락궁의 꼬마 신선. 신선 사부들에게 열심히 공부하지 않는다고 자주 야단맞지만, 정의롭고 마음이 따뜻하다. 은둔술을 잘하며 출생의 비밀을 가지고 있다.

수아

세상에 남은 마지막 구미호족. 인간들에게 부모와 가족을 잃고 홀로 남겨진 직후 천년손이를 만나 닥락궁에서 함께 도술을 공부하게 된다. 똘똘하고 영리하며, 변신술에 능하다.

자래
서해 용왕의 여덟째 아들. 용족을 대표해 멀리 닥락궁까지 전학 와서 도술을 공부하고 있다. 지혜롭고 의지가 강하며, 천년손이, 수아와 막역지우(莫逆之友)다. 용의 힘을 지닌 신통방통 여의주를 가지고 있다.

의술 선생
닥락궁에서 의술을 가르치는 신선.
치유술이 뛰어나다.

심청이
사자성어 신비 탐험대 삼인방이 인간 세상에서 처음 만나는 인물로, 역경 속에도 꺾이지 않는 마음을 잃지 않고 살아가고 있다.

심봉사
심청이의 아버지. 선천적으로 눈이 보이지 않는다.

뺑덕어멈
심청이에게 심술을 부리고 사사건건 괴롭힌다.
어떤 숨겨진 이유로 심봉사에게 접근했다.

검은 매화단
신선 세계를 멸망시키고 그들의 힘을 빼앗으려 하는 암흑의 집단. 검은 매화단이 가진 힘은 정확히 파악할 수 없다.

노상군
천년손이와 앙숙인 꼬마 신선. 닥락궁을 배신한 인물로 의심받고 있다.

차례

저자의 말 … 002
주요 인물 소개 … 004

1. 악당 매화단의 등장 **위험천만(危險千萬)** … 008
2. 한 번에 두 마리 토끼를 잡아라 **일석이조(一石二鳥)** … 015
3. 내 맘대로 변신하게 만드는 힘 **자유자재(自由自在)** … 025
4. 바람 앞의 등불이 된 세계 **풍전등화(風前燈火)** … 033
5. 사자성어 신비 탐험대의 결성 **전화위복(轉禍爲福)** … 040
6. 은혜를 저버리다! **배은망덕(背恩忘德)** … 048
7. 은둔술로 숨어들다 **양상군자(梁上君子)** … 058
8. 천년손이의 분투 **분골쇄신(粉骨碎身)** … 067
9. 고생 끝에 발견한 검은 매화단 **고진감래(苦盡甘來)** … 075
10. 무리한 약속 **설상가상(雪上加霜)** … 083

11.	인생을 건 단호한 결심 **결초보은(結草報恩)**	093
12.	결정의 순간이 오다! **양자택일(兩者擇一)**	102
13.	위험에 빠진 탐험대 **역지사지(易地思之)**	111
14.	천년손이의 신통방통한 구출 계획 **일거양득(一擧兩得)**	119
15.	끌려간 심청이의 행방을 찾아라! **오리무중(五里霧中)**	128
16.	작은 욕심으로 일을 그르친 검은 매화단 **소탐대실(小貪大失)**	136
17.	목숨을 내놓은 희생 **살신성인(殺身成仁)**	146
18.	주인공의 화려한 귀환 **금의환향(錦衣還鄉)**	155

부록 깨달음의 두루마리 속 신통방통 사자성어   162

1 악당 매화단의 등장
위험천만(危險千萬)

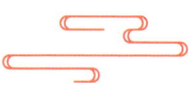

"타다닷!"

허공을 가르는 날카로운 소리가 들려왔다. 사방에서 매화 모양 표창이 날아들었다. 의술 선생은 비 오듯 쏟아지는 표창들을 있는 힘을 다해 막아냈다. 표창 가장자리에는 검은색 독이 발라져 있어 표창이 날아올 때마다 고약한 냄새가 짙게 풍겼다.

"스승님, 표창에 독이 묻어 있어요!"

구미호족 수아의 다급한 소리가 터져 나왔다. 뾰족한 여우 귀가 표창이 날아오는 방향을 찾아내느라 바쁘게 쫑긋거렸다.

"스승님, 뒤를 조심하세요!"

신선 후보생 천년손이와 용족 자래가 동시에 외쳤다. 의술 선생의 뒤에서 매화 표창이 또다시 날아왔다.

"표창을 만지면 안 된다. 중독될 수 있어."

의술 선생이 황급히 소매를 휘저었다. 소매 바람에 밀려난 표창이 아슬아슬하게 의술 선생의 뺨을 스쳐 날아갔다.

"지금이다!"

의술 선생이 잠시 멈칫한 틈을 타 검은 복면을 쓰고 검은 옷을 입은 자들이 얼음벽 양쪽에서 나타났다. 검은 복면에는 하얀 매화 한 송이가 섬세하게 수놓아져 있었다. 그 무리 중 하나는 언제 빼돌렸는지 황금색 두루마리를 손에 쥐고 있었다. 두루마리를 손에 쥔 자의 복면에는 정교한 매화 세 송이가 새겨져 있었다.

"아얏!"

검은 복면들의 입에서 고통스러운 신음이 갑자기 터져 나왔다. 자래가 여의주로 불러낸 먹구름으로 비를 뿌려 댔기 때문이다. 빗방울은 공중에서 곧상 얼어붙었다. 얼음 알갱이

들은 공중에서 마구 흩뿌려지며 검은 복면 일당에게 우수수 떨어져 내렸다. 옷에 구멍이 날 정도로 힘차게 우박이 쏟아졌다. 의술 선생의 소맷부리까지 쉴 새 없이 날아들자, 검은 복면들도 마음이 급해졌는지 사방으로 흩어졌다가 모였다가 하면서 재빠르게 움직였다.

"단주, 어서 빠져나가십시오. 여긴 저희가 맡겠습니다."
검은 복면들은 두루마리를 손에 쥔 자를 둥그렇게 둘러쌌다.
"스승님, 놈들이 깨달음의 두루마리를 가지고 달아납니다!"
천년손이가 소리쳤다.

"놓치면 안 된다! 깨달음의 두루마리를 지켜야 한다."
의술 선생이 다급하게 외쳤다. 매화 세 송이는 그새 동굴 입구를 향해 몸을 돌리고 있었다. 천년손이는 눈을 질끈 감고 주문을 외웠다. 눈 깜짝할 새에 천년손이는 은둔술을 써서 얼음벽으로 숨어들었다.

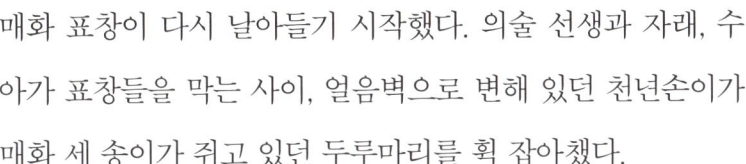

"뒤를 부탁한다."

매화 세 송이가 말을 마치자, 사방에서 검은 복면들이 던지는 매화 표창이 다시 날아들기 시작했다. 의술 선생과 자래, 수아가 표창들을 막는 사이, 얼음벽으로 변해 있던 천년손이가 매화 세 송이가 쥐고 있던 두루마리를 획 잡아챘다.

"두루마리를 뺏기면 안 돼!"

매화 세 송이의 다급한 소리에 검은 복면들이 천년손이를 향해 한꺼번에 우르르 달려들었다. 두루마리를 뺏기지 않으려는 천년손이와 두루마리를 놓지 않으려는 검은 복면이 서로 있는 힘껏 잡아당겼다. **아슬아슬한 일촉즉발**(一觸卽發)의 순간, 두루마리는 허공에서 투두둑 소리를 내며 찢어졌다.

순간, 눈부신 황금빛이 두루마리에서 힘차게 뿜어져 나왔다. 얼음 동굴에 있던 모든 이가 눈을 뜰 수가 없었다.

"깨달음의 두루마리에서 글자들이 빠져나간다. 글자들을 지켜라!"

의술 선생과 매화 세 송이가 동시에 외쳤다. 하지만 만년 얼음 동굴을 환하게 밝히던 눈부신 빛은 번쩍, 하고는 곧 사

라졌다. 두루마리에 있던 글자들은 황금 빛줄기를 타고 눈 깜짝할 새에 세상 밖으로 뻗어 나갔다.

다음 순간, 두루마리는 천년손이 손에 반, 나머지 반은 매화 세 송이 복면의 손에 들려 있었다.

"단주, 두루마리가 반으로 찢어졌습니다. 어떻게 할까요."

매화 세 송이는 흠, 하고 콧바람 소리를 내더니, 두루마리를 내려다보았다. 그러곤 낮은 소리로 말했다.

"하는 수 없다. 우린 이대로 빠져나간다. 잃어버린 글자들은 나중에 찾으면 된다."

매화 세 송이가 빠르게 명령을 내렸다.

"예, 단주, 명을 받듭니다!"

검은 복면들은 매화 세 송이의 말이 떨어지기가 무섭게 품에서 검은 알갱이 폭탄을 꺼내어 바닥에 마구 던졌다. 매화 모양이 정교하게 새겨진 동글동글한 알갱이 폭탄들은 바닥에 닿자마자 데구르르 굴러다니면서 펑, 펑, 하고 요란한 소리를 내며 터졌다. 삽시간에 동굴 여기저기서 검은 연기가 피어올랐다.

"스승님, 아무것도 안 보입니다."

천년손이와 자래, 수아가 연기 속에서 손을 휘저었다. 의술 선생이 기침을 하면서 소매를 펄럭거리자, 연기가 곧 걷혔다. 하지만 연기가 걷힌 자리엔 아무것도 남아 있지 않았다. 검은 복면들은 흔적도 없이 사라지고 매화 표창만 얼음벽에 잔뜩 꽂혀 있을 뿐이었다.

"검은 복면들이 다 사라졌습니다. 모두 도망쳤어요."

수아가 놀란 눈으로 주위를 둘러보았다.

"깨달음의 두루마리가 찢어지다니, 어찌 이런 일이……."

의술 선생은 천년손이 손에 들린 두루마리를 보면서 **망연자실**(茫然自失)한 듯 중얼거렸다. **어떤 말을 해야 할지 생각도 나지 않는 듯** 충격이 커 보였다.

"혹시 모르니 동굴 밖을 살펴야겠다. 쿨럭……, 밖은 검은 복면 일당들 때문에 **위험천만**(危險千萬)할 것이다. 쿨럭……. **매우 위험하니** 너희들은 여기 있거라."

의술 선생은 쿨럭거리면서 동굴 밖으로 달려 나갔다.

2 한 번에 두 마리 토끼를 잡아라
일석이조(一石二鳥)

두루마리에서 떨어져 내린 글자들이 만년 얼음 동굴 여기저기에 어수선하게 흩어져 있었다.

"요마 스승님이 요괴 퇴치술 시간에 말씀하셨던 거 기억나? 닥락궁을 지키는 신비한 힘은 깨달음의 두루마리에서 나온다고 하셨잖아. 그런데 깨달음의 두루마리가 반으로 찢어졌으니, 이제 닥락궁은 어떻게 되는 걸까."

자래가 걱정스러워하며 말했다.

"맞아. 스승님은 깨달음의 두루마리에 있는 글자들에는 신령한 힘이 있다고 하셨어. 깨달음의 두루마리를 가진 자는 온갖 도술을 부릴 수 있다고 말이야."

수아가 생각을 되짚어 가며 말했다. 깨달음의 두루마리에는 이제 남은 글자가 몇 개 없었다. 그마저도 언제든 도망치려는 듯 저희들끼리 모여서 떠들어 대고 있었다.

천년손이는 아까부터 오른쪽 뺨을 간지럽히던 글자를 손으로 떼어 냈다. 글자는 우뚝 솟은 산봉우리를 닮은 모양이었다. 천년손이가 고개를 갸웃했다. 천년손이는 이 쉬운 글자도 잘 몰랐다. 도술에는 재능이 뛰어나 하나를 알려 주면 열을 깨쳤지만, 글자는 얘기가 달랐다. 아는 것보다 모르는 게 훨씬 많고, 흥미도 별로 없었다. 오늘도 공부하라는 신선 사부들의 폭풍 같은 잔소리를 피해 도망친 곳이 하필 얼음 동굴이었고, 그곳에서 검은 복면을 만난 터였다.

"어디서 본 글자인데, 이 녀석이 뭐더라?"

글자는 천년손이가 잠깐 머뭇거리는 틈을 타서 천년손이의 손가락을 꽉 깨물었다. 아얏, 소리가 터져 나오면서 천년손이가 글자를 떨어뜨리자, 글자는 뒤집힌 봉우리 모양이 되어 얼음벽으로 잽싸게 도망쳤다.

"안 돼. 어딜 가려고."

자래가 발끝으로 글자를 재빨리 막아섰다. 글자는 자래를 피해 후다닥 도망쳤다. 구미호족답게 발이 빠른 수아가 도망치는 글자를 얼른 낚아챘다. 천년손이가 글자를 받아 들고 고개를 갸우뚱하다가 얼굴이 한순간 밝아졌다.

"생각났다. 이건 산을 뜻하는 글자야. 산(山), 뫼 산!"

글자는 천년손이 말이 떨어지기가 무섭게 황금색으로 밝게 빛을 반짝 내뿜었다. 그러고는 깨달음의 두루마리 속으로 휘리릭 소리를 내며 빨려 들어갔다. 두루마리는 반짝 빛나더니, 금세 언제 그랬냐 싶게 잠잠해졌다.

"와, 두루마리에 글자들이 빨려 들어갔잖아. 두루마리를 가진 자가 그 뜻을 깨치면 글자가 되돌아가는 걸까?"

"으음, 아무래도 그런 것 같아. 우리가 글자 이름과 뜻을 말하니

까, 두루마리로 빨려 들어갔잖아."

"그럼 한 번 더 시험해 보자."

셋은 머리를 맞대고 궁리했다.

"마침 여기에도 글자가 있어."

천년손이의 오른쪽 눈꺼풀엔 다른 글자도 붙어 있었다. 자래가 천년손이 눈꺼풀에 매달린 글자 하나를 집어 들었다.

"넌 돌 석(石), 돌멩이란 뜻이잖아."

석(石)은 자래가 이름을 불러 주자 황금색으로 반짝 빛나더니, 두루마리로 빨려 들어갔다.

"오, 된다. 돼!"

자래와 수아, 천년손이는 신나서 외쳤다. 천년손이 목덜미에도 글자가 두 개 더 있었는데, 천년손이는 이번에도 잘 모르는 글자였다.

"이건 무슨 글자야?"

수아는 이렇게 저렇게 고민하다가 아하, 하면서 웃었다.

"오라버니, 이 글자는 다른 사람을 뜻하는 타(他), 이건 '무엇의'를 뜻하는 지(之)예요. 오라버니 얼굴에 있던 글자들은 으음, 그러니까 순서대로 늘어놓으면……, **타산지석**(他山之

石)이라는 사자성어네요!"

"으응? 사자성어라고? 그게 뭐야? 타산지석이라면 다른 산의 돌이란 뜻이 아니냐. 설마 이 네 글자에 다른 뜻이라도 있단 말이야?"

천년손이가 물었다.

"맞습니다, 오라버니. **타산지석은 다른 사람의 잘못을 보면서 나를 돌아보란 또 다른 뜻**이 있어요. 사자성어는 이렇게 네 글자씩 모여서 새로운 뜻을 만드는 걸 말한답니다."

수아의 말이 끝나자마자 글자들은 번쩍하는 황금빛을 내뿜더니 두루마리로 쪼르륵 빨려 들어갔다. 곰곰이 지켜보던 자래가 마침내 알아냈다는 듯 손가락을 딱, 하고 튕겼다.

"그래. 이제 알겠다. 깨달음의 두루마리를 가진 자가 글자와 뜻을 말하면 그 글자와 힘을 두루마리에 가둘 수 있는 거야. 이 글자들이 네 개씩 모여 있는 것도 왠지 예사롭지 않아. 분명히 그만한 이유가 있을 거야."

천년손이는 감탄하면서 고개를 몇 번이고 끄덕거렸다. 자래의 설명이 귀에 쏙쏙 들어왔다. 자래는 평소에도 **구구절절**(句句節節) 옳은 말만 했다. **한마디 한마디** 다 맞는 말만 했기

때문에 자래랑 얘기할 때면 고개를 어찌나 끄덕이게 되는지, 나중에는 뒷목이 다 아플 지경이었다.

  자래는 서해 용왕의 여덟째 아들이자, 닥락궁 도술학교로 전학 온 최초의 용족이었다. 인간들은 용이 지니고 있는 여의주를 얻기 위해서 오랜 시간 용을 사냥했다. 인간들 손에 무참히 죽어 가던 용족들은 견디다 못해 어릴 때부터 유달리 영특했던 자래 왕자를 닥락궁 도술학교에 보내기로 결심했다. 닥락궁에서 도술을 배운다면 더는 용족들이 인간의 손에 허무하게 죽는 일은 없을 거라고 믿었기 때문이다.

  용궁 사람들은 자래가 닥락궁에서 도술을 배워 하루라도 빨리 용궁으로 돌아오기만을 **학수고대(鶴首苦待)**했다. 자래를 **기다리다 못해** 용궁 사람들 **목이 학처럼 길어졌다**는 소문이 들릴 정도였다. 비록 목덜미부터 손등까지 온몸에 돋아 있는 검푸른 비늘 때문에 다른 신선 후보생들에게 놀림도 많이 받았지만, 자래는 모든 걸 묵묵히 참아 내며 열심히 공부하고 또 공부했다.

"와, 그러고 보니 공부도 하고, 글자도 모으는 거네. 이거야 말로 **일석이조**(一石二鳥)잖아?"

수아가 활짝 웃었다.

"일석이조가 뭐야?"

천년손이는 잘 모르는 말이었지만, 자래는 이번에도 척척 대답했다.

"돌 하나를 던져서 동시에 새 두 마리를 잡는단 뜻이지."

"으응? 어떻게 돌 하나로 새를 두 마리나 잡을 수 있지? 아, 도술을 쓴 거구나? 돌멩이 하나를 두 개로 만든다면 분신술이겠네? 아니면 돌멩이로 변신하는 변신술을 쓴 건가?"

자래가 아는 게 많고 신중한 성격이라면, 천년손이는 도술에 뛰어나고 약한 사람 돕는 일을 좋아했다. 특히 몰래 몸을 숨기는 은둔술에 뛰어나서 어릴 때부터 숨바꼭질에서 한 번도 져 본 적이 없었다. 천년손이는 돌멩이 하나를 분신술을 써서 두 개로 만드는 상상을 하면서 씨익 웃었다.

"호호호. 오라버니, 그게 아니에요. 일석이조도 사자성어예요. **돌 하나로 새 두 마리를 잡는다는 말은 한 가지 일을 하면서 동시에 여러 가지 이득을 볼 수 있단 뜻**이죠."

"수아 너는 어쩜 그렇게 어려운 말도 잘 알아?"

"그야 인간들 곁에서 오래 살았으니까요. 오라버니는 신선이니까 선계에서 쓰는 말이 아니면 잘 모를 수 있지요. 인간들은 일석이조를 '도랑 치고 가재 잡는다'라는 말로 대신해서 쓰기도 한답니다. 호호호."

수아가 소리 내면서 웃었다.

"아하, 그런 말이구나. 그럼 사자성어 모으는 일이 우리한텐 두 배로 좋은 일이란 거잖아?"

천년손이의 얼굴도 덩달아 밝아졌다.

"그렇지. 글자를 모으는 동안 **박학다식(博學多識)**해질 수도 있고 말이야."

"박학다식은 또 뭐야?"

천년손이가 물었다.

"많은 걸 배우고 열심히 공부해서 아는 게 많단 뜻이지."

자래가 손가락을 까딱거리면서 말했다.

"자래 너야말로 박학다식하잖아. 난 닥락궁에서 너보다 아는 게 많은 신선 후보생을 본 적이 없어. 우리 수아는 누구보다 용감하고 말이야."

천년손이가 양손의 엄지를 척 내밀며 웃었다. 수아와 자래도 엄지를 척 내밀었다. 그동안 닥락궁 신선 후보생들 사이에서 늘 **솔선수범**(率先垂範)해 온 자래와 수아였다. **언제나 말과 행동에 모범을 보인** 수아와 자래가 함께라니 평소에 공부라면 담을 쌓고 사는 천년손이에겐 **천만다행**(千萬多幸)이었다. **다행도 이런 다행이 없었다.**

"그러니까 지금 우리 손에 닥락궁의 운명이 걸렸단 뜻이지?"

천년손이가 어깨를 으쓱하면서 말했다.

내 맘대로 변신하게 만드는 힘
자유자재(自由自在)

내 손에 닥락궁 도술학교의 운명이 달렸다고? 세상에, 이 얼마나 심각하고 위중한 일인가. 하지만 그런 것과 상관없이 천년손이는 아까부터 엉덩이가 가려웠다. 천년손이는 수아와 자래의 말을 들으면서도 은근슬쩍 벽에 대고 엉덩이를 긁어 대는 중이었다. 문득 짚이는 게 있어 슬쩍 돌아보니, 아니나 다를까. 글자 하나가 엉덩이에 끼어 있었다.

"으윽, 이 녀석. 엉덩이에 끼어 있었어."

천년손이가 글자를 엉덩이에서 끄집어냈다. 산(山)이나 석

(㉤)과는 다르게 무척이나 복잡하게 생긴 글자였다.

"여기도 있어요. 오라버니."

수아가 천년손이의 허벅지 뒤쪽에 숨어 있던 글자들을 몇 개 더 찾아냈다. 박(博), 다(多), 식(識)이었다. 천년손이가 엉덩이에서 찾아낸 학(學)과 합하면 방금 자래가 이야기한 바로 그 **박학다식(博學多識)**이었다.

"그래. 이 녀석! 넌 이 몸이 잘 알지. 배운다는 뜻의 학(學), 배울 학이잖아. 학교, 학급, 학생, 다 너랑 같이 다니는 글자이고. 맞지?"

천년손이가 두루마리를 활짝 펼쳐 들었다. 학(學)부터 황금빛을 내면서 깨달음의 두루마리로 빨려 들어갔다.

"이 글자들은 **박학다식, 아는 게 많다는 뜻**이겠네?"

자래가 외치자 반짝 황금빛으로 빛나면서 나머지 글자들도 순식간에 깨달음의 두루마리로 빨려 들어갔다.

때마침 동굴 밖을 살피러 갔던 의술 선생이 돌아왔다. 얼굴이 아까보다 파리해져 있었다.

"스승님! 저희가 깨달음의 두루마리를 어떻게 쓰는지 알아냈습니다."

천년손이가 소리쳤다.

"깨달음의 두루마리에 글자들이 빨려 들어가는 걸 보았습니다. 저희가 글자의 이치를 깨달으면 글자를 두루마리에 다시 가둘 수 있는 것이지요?"

"바로 그거다. 사실 두루마리 안에 있는 글자는 아무렇게나 모여 있는 게 아니다. 그 글자들은 네 개씩 모여 본래의 뜻이 아닌 새로운 뜻을 만들어 낸다. 이 새로운 뜻과 쓰임을 정확히 깨달은 경우만 두루마리를 이용해 도술을 부릴 수 있다."

의술 선생은 용케도 알아냈다는 듯 희미하게 웃었다.

"아아, 역시, 그래서 사자성어 글자들끼리 모여 있었군요."

"다만……."

"다만?"

천년손이와 수아, 자래의 눈이 동그래졌다.

"지금은 깨달음의 두루마리가 반으로 찢어져 도술을 제대로 부릴 수 있을지 나도 잘 모르겠구나."

의술 선생의 말에 신중한 자래의 입에선 끙, 하는 한숨이 흘러나왔고, 매사 긍정적인 수아와 호기심 많은 천년손이 입에선 감탄하는 소리가 터져 나왔다.

"우와, 그럼 저희도 사자성어 뜻만 잘 깨치면 깨달음의 두루마리를 써서 도술을 부릴 수 있겠네요?"

"아니야. 신중해야 돼. 어떤 일이 있을지 알 수 없단 말씀이잖아."

자래는 고개를 저었다.

"그래도 두루마리를 쓰면 도술을 부릴 수 있단 뜻이기도 해. 그렇죠, 스승님?"

천년손이와 수아는 기대에 찬 눈으로 의술 선생을 바라보았다.

"물론이다. 너희는 **살신성인(殺身成仁)**이란 말을 아느냐."

"살신성인이요? 아니요. 모르겠는데요."

천년손이가 고개를 가로저었다.

"**살신성인이라면 자신을 희생하여 다른 사람을 구하는 성스러운 마음을 말하는 것**이 아닙니까."

자래가 대답했다.

"그래. 닥락궁을 세웠던 초대 상선, 즉 상급 신선들은 몸에 있던 모든 도력을 쏟아부어 깨달음의 두루마리를 만들었다. 닥락궁을 지키기 위해 초대 상선들이 살신성인한 것이지.

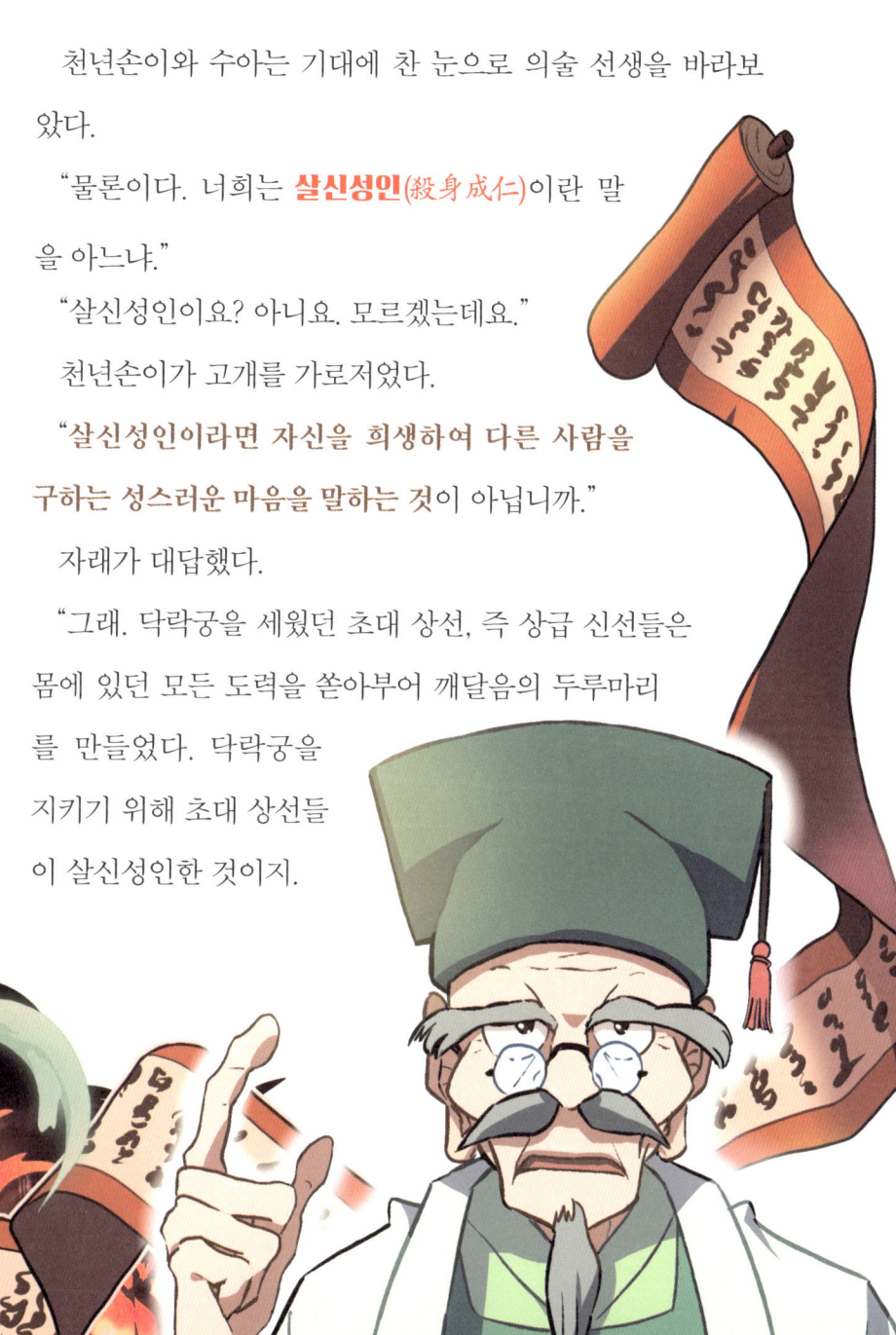

깨달음의 두루마리에는 닥락궁을 악의 세력으로부터 지켜 내기 위한 초대 상선들의 모든 힘이 들어 있다. 그 신비한 힘은 **헤아릴 수 없이 무궁무진(無窮無盡)**하다."

"그럼 깨달음의 두루마리를 가지면 초대 상선들처럼 도술을 **자유자재(自由自在)로 마음대로** 부릴 수 있겠네요?"

자래가 물었다.

"바로 그게 문제다. 깨달음의 두루마리에는 무한한 힘이 있지만, 나쁜 일에 쓰일 수도 있다는 것 말이다. 닥락궁의 신선 사부들이 지금까지 돌아가면서 만년 얼음 동굴에서 깨달음의 두루마리를 지켜 온 것도 그래서였다."

아아, 하는 소리가 천년손이와 수아, 자래의 입에서 동시에 터져 나왔다. 일곱 신선 사부들은 가끔 수행에 들어간다는 말만 남기고 어디론가 사라지는 때가 있었다. 물론 수업을 안 하니, 천년손이야 좋았지만 거기엔 다 그럴 만한 사정이 있었던 것이다.

"두루마리의 반을 검은 매화단 일당에게 빼앗겼습니다. 그럼 이를 어쩌면 좋습니까, 스승님."

수아가 놀란 눈으로 물었다.

"아니 지금 더 심각한 문제가 있다. 닥락궁이 위험에 빠졌다. 다른 신선 사부들과 신선 후보생들이 모두 독에 당했어. 다들 검은 매화 일당에게 당한 듯하……, 쿨럭……, 구나……."

의술 선생은 기침을 해 대느라 말을 다 잇지도 못했다.

"네에? 모두 다요?"

천년손이와 자래, 수아가 한목소리로 외쳤다.

"그뿐 아니다. 깨달음의 두루마리가 찢어지면서 오랜 시간 모아 둔 사자성어들이 모두 흩어져 버리는 바람에 닥락궁을 지키던 힘도 함께 사라지고 있어."

의술 선생의 말이 끝나기도 전에 자래가 소리쳤다.

"스승님, 얼음벽이 녹고 있습니다. 만 년 동안 녹지 않았던 얼음 동굴이 녹고 있어요."

벌써 동굴 바닥이 찰랑거리면서 물로 차고 있었다.

"서두르자. 밖으로 나가야 한다."

천년손이와 수아, 자래는 의술 선생의 뒤를 따라 밖으로 나갔다.

사방이 지나칠 정도로 고요했다. 신선 후보생들이 웃고 떠드는 소리도 들리지 않았다. 신선 사부들이 수업 시간마다 호되게 야단하던 소리도 들리지 않았다. 닥락궁을 둘러싸고 늘 자욱하게 깔려 있던 신비한 물안개마저 사라지고, 사시사철 포근하고 온화하던 공기는 냉랭하고 싸늘하게 변해 있었다.

"이봐, 정신 차려!"

"일어나 봐. 이걸 어쩌지?"

눈길 닿는 곳마다 여기저기 닥락궁의 신선 후보생들이 의식을 잃고 쓰러져 있었다.

심지어 쓰러진 사람들 중에는 신선 사부들도 있었다. 요괴 퇴치술을 가르치는 요마 선생, 변신술을 가르치는 변신 선생, 궁술을 가르치는 궁술 선생, 은둔술을 가르치는 은둔 선생, 탄금술을 가르치는 탄금 선생, 모두 의식이 없었다.

# 바람 앞의 등불이 된 세계
풍전등화(風前燈火)

"스승님! 스승님! 눈을 떠 보십시오!"

천년손이와 자래, 수아가 아무리 외쳐도 신선 사부들은 눈을 뜨지 않았다.

"아무래도 찻잔에 누군가 독을 탄 것 같다."

의술 선생은 궁술 선생 옆에 떨어져 있는 깨진 찻잔을 들여다보며 말했다. 찻잔에 검은 매화 꽃잎이 달라붙어 있었다.

"이상합니다. 스승님."

자래가 손가락으로 빠르게 셈을 해 보면서 중얼거렸다.

"무엇이 이상하단 말이냐."

의술 선생이 힘없는 소리로 물었다.

"노상군이 안 보입니다."

"뭐, 노상군이 안 보여?"

"네. 이쪽에 노상군이랑 친한 단단이, 여치, 자운, 다 있는데 노상군만 안 보입니다."

자래는 힘없이 바닥에 쓰러져 있는 신선 후보생들 여럿을 가리켰다.

"맞습니다. 스승님. 신선 후보생들 가운데 정말로 노상군만 없습니다. 이게 어떻게 된 일일까요."

수아는 코를 킁킁거리면서 주변의 냄새를 확인했다. 백여 명이 넘는 신선 후보생의 냄새를 모조리 기억하는 수아였다. 노상군을 뺀 모든 신선 후보생의 냄새가 느껴졌다.

"노상군이 검은 매화단이랑 짜고 독을 쓴 게 아닐까요? 노상군이 수아랑 자래를 괴롭히기 위해서 검은 매화단과 함께 일을 꾸민 걸 거예요."

천년손이가 틀림없다는 듯 말했다.

"설마 그럴 리가……, 왜 노상군이……."

의술 선생은 그럴 리 없다는 듯 말을 흐렸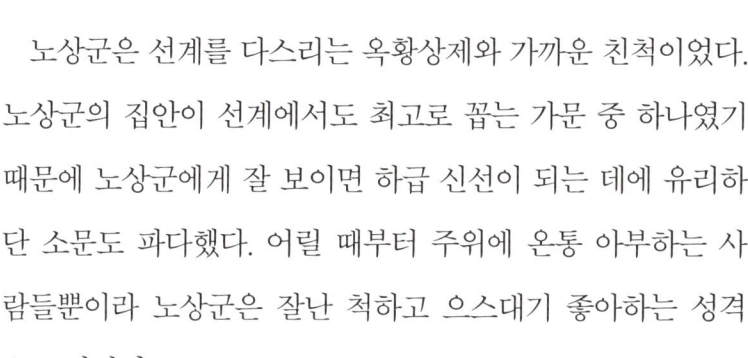
지만, 수아와 자래의 눈에는 의심이 가득 차올랐다.

노상군은 선계를 다스리는 옥황상제와 가까운 친척이었다. 노상군의 집안이 선계에서도 최고로 꼽는 가문 중 하나였기 때문에 노상군에게 잘 보이면 하급 신선이 되는 데에 유리하단 소문도 파다했다. 어릴 때부터 주위에 온통 아부하는 사람들뿐이라 노상군은 잘난 척하고 으스대기 좋아하는 성격으로 자랐다.

안하무인(眼下無人)인 노상군은 용족이나 구미호족인 자래와 수아는 신선이 아니라고 **대놓고 무시하기 일쑤**였다. 덕분에 약한 사람 괴롭히는 꼴을 못 보는 천년손이와는 늘 **사사건건(事事件件) 모든 일마다** 부딪쳤다. 닥락궁에서는 천년손이 삼인방과 노상군 패거리가 사이가 나쁘다는 걸 모르는 이가 없었다.

"아무래도 천하제일검 살장군에게 도움을 청해야 하지 않을까요? 선계의 비밀경찰을 이끄는 살장군이라면 해결할 수 있을 겁니다, 스승님."

천년손이가 말했다.

"맞아요. 스승님, 빨리 살장군에게 사실을 알리고 검은 매 화단을 잡아야 해요."

수아도 맞장구쳤다.

"으으음, 하지만 그건 안 된다……."

"안 된다니요. 왜요?"

다들 놀란 소리로 물었다.

"닥락궁의 신선 사부들과 신선 후보생들이 모두 쓰러졌다는 걸 외부에서 안다면 삼계(인간계, 선계, 명계)에 있는 요괴들이 어떤 일을 벌일지 모른다. 오늘 일은 철저히 비밀로 해야 해."

의술 선생이 힘없는 소리로 말했다.

"그럼 우리끼리 이 일을 해결해야 한다

고요?"

자래가 놀란 눈으로 물었다. 의술 선생은 고개를 천천히 끄덕였다.

"이제 닥락궁의 운명이 **바람 앞의 등불처럼 위태롭게 되었어. 풍전등화**(風前燈火)가 따로 없구나."

의술 선생이 혀를 끌끌 찼다.

닥락궁은 선계에서 유일한 도술학교다. 선계에 태어난 아이들은 때가 되면 모두 신선 후보생 자격으로 닥락궁에 입학한다. 신선 후보생이 된 아이들은 닥락궁에서 하급 신선 시험을 치르기 위한 모든 도술을 배운다. 어디든 숨어드는 은둔술, 원하는 모든 것으로 변신하는 변신술, 눈에 보이지 않는 투명 화살을 날려 상대를 제압하는 궁술, 칼로 물을 베는 검술, 세상 모든 질병과 독을 치료하는 의술, 나쁜 요괴를 퇴치하고 봉인하는 요괴 퇴치술, 음파로 공격하는 탄금술까지 일곱 명의 신선 사부들은 매우 엄격하고 철저하게 도술을 가르쳤다.

신선 후보생이 닥락궁에서 오십 년을 공부하면 하급 신선 시험을 치를 자격이 주어진다. 은둔술, 변신술, 궁술, 탄금술, 검술, 의술, 요괴 퇴치술 등을 모두 통과해 하급 신선 시험에 합격하면 그때부턴 신선 후보생이 아닌 '하선'으로 불렸다.

하선이 상급 신선, 즉 상선이 되려면 다시 천 년 동안 인간

계에서 인간들의 고민을 천 가지 이상 몰래 해결해 주어야 했다. 하지만 인간의 감정이 워낙 **변화무쌍**(變化無雙)하고 변덕스러운지라 하선들은 인간을 좀처럼 이해하기 힘들어했고, 중간에 고민 해결을 포기하는 게 **부지기수**(不知其數)였다. 상선이 될 기회를 포기하는 이가 **셀 수 없이 많았기에** 선계에는 상선까지 오른 이가 극히 드물었다.

닥락궁은 선계의 신선들에겐 고향과도 같은 곳이다. 그런 닥락궁에 오늘 검은 매화단이 쳐들어온 것이다. 그것도 검은 매화의 독으로 신선 사부들과 신선 후보생 모두를 중독시키면서 말이다. 만약 노상군이 검은 매화단과 한패라면 이건 보통 심각한 일이 아니었다.

지금 닥락궁에서 검은 매화에 중독되지 않은 이는 마침 공부하란 잔소리를 피해 만년 얼음 동굴로 도망와 있던 천년손이, 천년손이를 만나러 왔던 수아와 자래, 그리고 언제 쓰러질지 모를 의술 선생뿐이었다.

5 사자성어 신비 탐험대의 결성
전화위복(轉禍爲福)

"스승님, 닥락궁은 이제 어쩝니까."

천년손이가 한숨을 쉬며 말했다.

"**구사일생**(九死一生)으로 그나마 너희라도 무사하지 않느냐. 너희가 검은 매화단보다 빨리 글자들을 모아야 한다. 깨달음의 두루마리를 다시 글자들로 채워야 해. 어서 빨리, 한시가 급하다……, 쿨럭……."

의술 선생의 얼굴에 핏기가 사라져 가고 있었다.

"스승님, 괜찮으세요?"

"아무래도 아까 동굴에서 검은 매화 폭탄이 터질 때 나도 독에 당한 것 같다."

의술 선생은 창백한 얼굴로 말했다.

"스승님, 도대체 검은 매화가 무엇이기에 이렇게 많은 신선 후보생과 신선 사부들을 쓰러뜨린단 말입니까."

자래는 쓰러져 있는 신선 후보생을 깨우려 했지만, 소용없었다.

"검은 매화는 선계에선 금지된 꽃이다. 쿨럭……."

"맞아요. 저는 처음 맡아 보는 향기예요."

수아가 남들보다 열 배는 예민한 코를 킁킁거렸다. 수아의 머릿속에는 수천 가지 향기에 대한 기억이 들어 있다. 수아의 향기 사전에 새로운 향기가 추가되는 순간이었다.

"검은 매화는 신선이 향기를 맡으면 정신을 잃고, 꽃잎을 먹으면 수행한 도력이 흔적도 없이 사라지며, 나중엔 기억까지 완전히 잃게 되지. 쿨럭……. 자신이 신선인지 요괴인지도 모르는 상태로 만들어 버리는 게 검은 매화다. 선계에선 검은 매화가 자라지 못하도록 엄격하게 관리해 왔거늘, 어찌하여 검은 매화의 독이 세상으로 나왔는지……, 쿨럭……, 그

이유를 모르겠구나."

"스승님까지 검은 매화 독에 중독 됐다면 저희는 이제 어찌합니까."

천년손이가 비틀거리는 의술 선생을 부축 했다.

"쿨럭……, 깨달음의 두루마리에 있던 글자는 보통 글자들이 아니다. 글자를 많이 모으면 모을수록 두루마리의 힘도 세진다. 검은 매화단은 그걸 알고 깨달음의 두루마리를 빼앗으러 온 것이다. 닥락궁 사부들조차 검은 매화로 중독시킬 만큼 오랜 시간 치밀하게 준비해 왔겠지……, 쿨럭 쿨럭……."

의술 선생은 기침하면서 힘겹게 말을 이어 갔다.

"그런데 저희는 왜 검은 매화 독에 중독되지 않은 것인가요, 스승님?"

수아가 물었다.

"수아 너는 구미호족이고, 자래는 용족이지 않느냐. 신선에겐 검은 매화가 향기만 맡아도 의식을 잃을 만큼 치명적인 독이지만, 신선이 아닌 이에겐 아무렇지 않다. 그저 평범한 매화일 뿐이지."

"그럼 천년손이 오라버니는요? 오라버니도 신선이잖아요."

수아가 의아한 듯 물었다.

"그러니까요. 스승님, 저는 왜 멀쩡한 거죠?"

천년손이도 궁금했다.

"으음……, 그건……, 나 역시 짐작만 할 뿐이다. 아마도 천년손이는……, 아니, 아니다……. 쿨럭……. 천년손이에 관한 건 천하제일검 살장군이 알고 있으니, 살장군에게 묻거라."

의술 선생이 말하다가 말고 피를 울컥 토해 냈다. 천년손이의 머리에는 물음표가 가득 떠올랐지만, 의술 선생의 상태가 점점 더 나빠지는 탓에 더 물을 수 없었다.

"시간이 없다. 검은 매화의 독은 서서히 강해진다. 백 일이 지나면 신선이 몸에 지니고 있던 모든 도력을 잃게 되지. 그러니, 무슨 일이 있어도 반드시 백 일 안에 글자들을 되찾아 와야 한다. 서두르거라."

의술 선생이 무릎에 힘이 빠진 듯 주저앉았다.

"스승님!"

천년손이와 수아가 양옆에서 의술 선생을 부축했다.

"잘 듣거라. 나는 검은 매화에 중독된 다른 신선들을 어떻게든 치료해야 한다. 그러려면 이곳에 남아야 해. 이젠 너희들이 선계와 명계, 인간계로 흩어진 글자들을 되찾아 오는 수밖에 없다."

의술 선생이 힘없는 소리로 말했다.

"하지만 스승님, 저희는 아직 할 줄 아는 게 없습니다."

"맞습니다. 저희는 도력도 약하고 부릴 수 있는 도술도 몇 개 없어요."

천년손이와 자래, 수아가 외쳤다. 의술 선생이 소매에서 손바닥만 한 작은 손거울을 꺼내어 하나씩 나눠 주었다.

"이건 신선들이 쓰는 거울, 선경이다. 선경을 갖고 있으면 언제 어디서든 서로에게 연락할 수 있다. 지금 내가 줄 수 있는 게 이것뿐이라 미안하구나."

의술 선생은 소매를 천천히 휘저었다.

"**청출어람**(靑出於藍)이란 말도 있지 않느냐. **스승인 나보다 어쩌면 제자인 너희가 더 나을지도** 모른다. 초대 상선들이 착

한 일을 하면 상을 받고, 나쁜 일을 하면 벌을 받는다는 **권선징악(勸善懲惡)**의 이치를 담아 만든 게 바로 깨달음의 두루마리가 아니냐. 이제부턴 깨달음의 두루마리가 너희를 인도할 것이다. 삼계에 흩어진 글자들을 되찾아 오너라."

의술 선생이 고개를 저으며 소매 바람을 일으키자, 깨달음의 두루마리에서 작은 회오리바람이 생겨났다. 다음 순간 천년손이와 자래, 수아는 깨달음의 두루마리로 빨려 들어갔다.

"용족, 구미호족, 그리고 말할 수 없는 비밀이 있는 천년손이. 너희에게 닥락궁의 운명이 맡겨진 것도 어쩌면 이유가 있을 것이다. **전화위복(轉禍爲福)**이란 말처럼 이 일이 너희에겐 닥락궁에서보다 더 큰 배움의 기회가 될지 모른다. **화(禍)가 바뀌어 복(福)이 되기**만을 바란다……."

의술 선생의 목소리가 아득하게 하늘 너머로 울렸다. 천년손이 삼인방은 한 번도 본 적 없는 낯선 하늘로 떨어져 내렸다.

이봐, 신선 후보생들.
천년손이와 수아, 자래는
앞으로 어떻게 되는 거냐고?

궁금하다면 따라와.
깨달음의 두루마리인 내가 다 설명해 줄게.
난 모르는 게 없거든.

글자들을 몽땅 잃어버려서 아직 힘이 없긴 하지만,
이 몸은 이래 봬도 닥락궁 도술학교 최고의 보물,
깨달음의 두루마리란 말이지.
천년손이 삼인방이 사자성어를 열심히 깨치면
내 힘도 곧 돌아올 거야.

책을 읽다가 곳곳에 숨은 사자성어를 만나면
삼인방한테 꼭 알려 줘야 해.
사실 천년손이한테는 말 못 할 비밀이 있지만,
그건 차차 알려 줄게.
지금은 검은 매화단보다
빨리 사자성어를 찾아야겠지?

6 은혜를 저버리다!
배은망덕(背恩忘德)

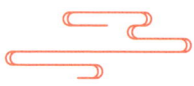

"여기가 어디야?"

천년손이는 주변을 둘러보았다. 코끝으로 차가운 겨울 공기가 느껴졌다. 닥락궁이 아니었다. 닥락궁은 언제나 따뜻하고 부드러운 봄바람이 살랑거렸지만, 여긴 매서운 찬 바람이 불고 있었다.

"그러게요. 여긴 어디일까요. 아무래도 인간계 같은데요."

천년손이와 수아, 자래는 어느 낡은 초가집 처마 아래 서 있었다.

"글자들을 모아야 하는데, 왜 여기에 와 있는 거지?"

천년손이는 영문을 모른 채 주변을 두리번거렸다.

"아까 스승님이 깨달음의 두루마리가 우릴 인도한다고 했잖아요. 글자들도 아마 이 근처에 있을 거예요."

수아는 여우 귀를 쫑긋거렸다.

"쉿, 저기 좀 봐."

자래가 손가락으로 마당을 가리켰다.

순간 기다렸다는 듯 쨍그랑, 소리가 나면서 사기그릇이 바닥에 나뒹굴었다. 투박한 사기그릇에 담겨 있던 하얀 밥알이 마당에 마구 흩어졌다.

"네가 내 밥에 독을 탄 게지?"

심술궂게 생긴 아낙네 하나가 누군가의 머리채를 잡아끌어다가 마당에 패대기쳤다. 아낙네는 얼굴에 심술보가 축 늘어진 게 몹시 사나워 보였다.

"아주머니, 어찌 이러십니까. 흐흐흑."

버선발로 끌려 나온 아가씨는 머리가 다 헝클어져서 볼썽사나웠지만, 얼굴만큼은 단아하고 고왔다.

"심청이 네가 나를 보는 눈이 늘 못마땅하고 화나 있다는 걸 내 진즉부터 느끼고 있었다."

"아주머니, 그게 무슨 말이에요."

"분명히 이번에도 그래서 내 밥에 독을 탔겠지. 이 푸르죽죽한 색 좀 봐. 아이고, 끔찍해."

아낙네는 표독스러운 표정으로 다그쳤다.

"아닙니다. 그럴 리가요. 제가 왜 아주머니 밥에 독을 타요. 이건 독이 아니라, 밥에 나물을 섞어 짓느라 초록빛 물이 든 것뿐입니다."

심청이라 불린 아리따운 아가씨는 고개를 마구 흔들었다.

"아니긴 뭐가 아니냐? 네 아버지가 지금 마을에 나가서 집에 너와 나 둘뿐인 걸 뻔히 알고 저지른 짓 아니더냐. 흥."

심술궂게 생긴 아낙네는 심청이에게 말도 안 되는 누명을 씌워서 야단하고 있었다.

"세상에, 저게 무슨 짓이야. 우리 저 못된 여자를 도술로 혼내 주자."

천년손이는 숨을 죽이고 그 광경을 지켜보다가 주먹을 불끈 쥐었다.

"안 돼요, 오라버니. 닥락궁에서 사부님들이 수업 시간마다 **몇 번이나 강조하며 신신당부**(申申當付)하던 말씀을 벌써 잊으셨습니까. 우린 인간의 일에 끼어들면 안 돼요. 인간들 앞에서 도술을 써도 안 되고요."

수아가 천년손이의 소매를 잡아당겼다.

"맞아. 우린 인간들 일에 간섭하면 안 돼. 도술로 혼내 주는 거 말고 다른 수가 있을 거야."

자래가 속삭이듯 말했다.

"아이고, 억울해. 내가 억울해서 못 살아. 네 아버지는 앞 못 보는 봉사여서 지팡이 짚고 젖동냥을 해 가며 널 키웠지. 심청이 네가 그 은혜를 안다면 나한테 어찌 이리 대할꼬. 흐흐흑. 은혜라고는 눈곱만큼도 모르는 못된 계집 같으니……. 아이고, 서러워……, 흐흐흑…….”

뺑덕어멈이 우는 시늉을 하면서 고래고래 소리를 질러 댔다. 심봉사가 젖동냥을 해 가면서 키운 것과 뺑덕어멈 자신은 아무 상관도 없었지만 말이다.

"아이구, 저 못된 뺑덕어멈 좀 보소. 또 무슨 억지를 쓰는 건지, 원.”

"그러니까, 오늘은 웬일로 조용히 지나가는가 했네. 오늘도 애꿎은 심청이를 잡는구먼, 잡아.”

거리를 지나는 사람들이 쯧쯧, 혀를 찼다.

"아주머니, 앞 못 보는 저희 아버지 돌봐 주신 것, 정말로 감사합니다. 아주머니께서 저희 아버지께 말동무가 되어 주시고, 의지할 사람이 돼 주셨다는 것을 제 어찌 모르겠습니까.”

심청이는 고개를 몇 번이고 숙였다.

"그래? 그렇게 잘 알면 너도 너희 아비를 위해 좋은 일 하나쯤은 해야 하지 않겠느냐.”

뺑덕어멈의 입꼬리가 슬며시 올라갔다. 무슨 꿍꿍이가 있는 게 틀림없었다.

“아주머니, 하지만 잘 아시지 않습니까. 제가 인당수에 가 버리면 우리 아버지는 어찌합니까. 제가 못 돌아올 걸 아버지가 아신다면……, 흐흐흑…….”

심청이는 서글픈 소리로 울었다.

“뭐? 심청이 너는 나 뺑덕어멈이 네 아버지를 먹이고 입히느라 얼마나 고생하는 줄 알면서 하는 소리냐. 너처럼 **은혜를 모르고 뻔뻔한 것**들더러 뭐라고 하는 줄 아느냐. 바로 **배은망덕(背恩忘德)**하다고 하지!”

뺑덕어멈은 콧바람을 흥! 하고 세게 내쉬었다.

“앗, 찾았다! 저기 있어.”

순간, 자래가 뺑덕어멈을 가리켰다.

“어디? 뭐가 있다는 거야?”

“저기 있잖아. 글자.”

“글자라고?”

천년손이와 수아는 눈을 비비고 다시 보았다. 그러고 보니, 황금빛으로 반짝거리는 글자들이 뺑덕어멈의 심술보에 달라붙어 있었다. 뺑덕어멈이 콧바람을 팽팽 불어 대도 글자들은 흔들림이 없었다.

"어, 정말이다. 저기 있어. 글자들 말이야."

글자들 여러 개가 뺑덕어멈 얼굴에서 반짝거리고 있는데 심청이도 뺑덕어멈도 눈치채지 못했다.

"인간들은 모르는 눈치잖아? 그래. 틀림없어. 저건 우리 눈에만 보이는 거야."

자래가 속삭였다.

"근데 배은망덕이 뭐야? 뺑덕어멈이 배은망덕이라고 말했잖아."

천년손이가 물었다.

"배은망덕은 남에게 입은 은혜를 저버린단 뜻이지."

자래가 또박또박 말했다. 글자들이 빨려 올 줄 알고, 천년손이도 재빨리 두루마리를 펼쳤다. 하지만 글자들은 뺑덕어멈의 심술보에 붙어 대롱거릴 뿐 꿈쩍도 하지 않았다.

"배은망덕, 은혜를 저버린다!"

자래가 다시 외쳤지만, 글자들은 두루마리로 돌아오지 않았다.

"왜 두루마리가 작동하지 않는 거지? 아까 동굴에선 이렇게 하면 됐는데, 뭐가 잘못된 걸까?"

자래가 당황한 소리로 말했다.

"음, 얼음 동굴에선 글자가 바로 가까이에 있었어. 혹시 글자가 우리 소리를 들을 수 있을 만큼 가까워야 하는 거 아닐까? 저 글자들은 모두 살아 있는 글자들이잖아."

"그럼 글자들 가까이 가야 한단 얘기잖아. 어쩌지? 저 뺑덕어멈은 너무 무서운데……."

천년손이의 시무룩한 말에 자래와 수아도 자신도 모르게 고개를 끄덕였다. 안 그래도 심술궂어 보이는 뺑덕어멈이 고래고래 소리를 지르고 있으니, 더욱 못돼 보였다.

"자래야, 어떻게 하는 게 좋을까. 들키지 않게 뺑덕어멈 가까이 가는 방법이 없을까?"

천년손이가 물었지만, 자래는 대답이 없었다. 딴생각에 빠져 있었기 때문이다.

'매일 아버지 몰래 저렇게 심술궂은 뺑덕어멈에게 야단맞

다니……. 심청이도 참으로 안됐구나.'
 자래는 왠지 모르게 심청이에게 자꾸만 눈길이 갔다.

 세 사람이 머뭇거리는 사이, 뺑덕어멈은 심청이에게 한바탕 화를 내고는 치맛자락을 홱 말아 쥐고 방으로 들어가 버렸다.
 "아주머니! 아주머니!"
 문밖에서 심청이가 아무리 두드려도 뺑덕어멈은 끝내 문을 열어 주지 않았다. 심청이는 눈물을 훔치면서 꽁꽁 언 마당에 떨어져 있는 밥알을 주워 담았다.

 "앗, 저기도 있어요."
 수아가 놀란 소리로 외쳤다.
 "어디, 어디?"
 자래와 천년손이가 동시에 물었다.
 "글자 말이야. 심청이란 저 아가씨 옷에도 붙어 있어. 잘은 모르겠지만, 글자가 여러 개야."
 "확실한 거지?"

 "응. 작아서 잘 안 보이지만, 틀림없어. 저건 깨달음의 두루마리에서 도망친 글자들이야."

 수아는 구미호족이라 유난히 눈이 밝았다. 그런 수아가 작다고 할 정도면 정말로 깨알보다 작은 글자일 터였다.

 "이따가 밤이 깊으면 몰래 방에 들어가는 거야. 그럼 글자들을 되찾을 수 있어."

 천년손이의 말에 자래와 수아가 고개를 끄덕였다.

은둔술로 숨어들다
양상군자(梁上君子)

 부엉, 부엉, 먼 숲에서 부엉이 울음소리가 들렸다. 혼자 마을 우물에서 물을 길어 오는 심청이의 얼굴이 뽀얗게 달빛 아래 빛났다. 왠지 부엉이 울음마저 구슬프게 느껴졌다. 심청이는 마당에 들어서자 조용히 물동이를 내려놓았다.

 천년손이와 수아, 자래는 은둔술을 써서 심청이의 집 대들보에 숨어 있었다.
 "오라버니, 우리 이렇게 숨어 있으니까, 꼭 **양상군자**(梁上君子) 같아요."

"양상군자가 뭔데?"

"도둑이요. 호호. **양상군자는 대들보 위에 숨은 도둑을 뜻하는 말**이에요."

"뭐, 도둑? 말도 안 돼. 이렇게 가난한 집에 훔쳐 갈 게 무엇이 있다고."

천년손이와 수아가 소곤거렸지만, 자래는 아까부터 말이 없었다. 자래는 그저 꽁꽁 언 심청이의 손을 꼭 붙들고 호호, 따뜻하게 불어 주고 싶을 뿐이었다.

심청이는 가만가만 걸어서 문 앞에서 들려오는 소리에 귀를 기울였다. 천년손이와 자래, 수아도 덩달아 귀를 쫑긋 세웠다.

"아니, 이봐요. 내 말 좀 들어 보라니까요. 청이가 중국으로 가는 상단에 따라가서 일하고 오면 돈을 많이 준다잖아요."

뺑덕어멈이 심봉사를 조르는 소리가 얇은 창호지 문 바깥으로 새어 나오고 있었다.

"아이고, 청이를 어디로 보내란 말이오. 자꾸 그런 말도 안 되는 소릴 하려거든 어여 집에나 가시오."

심봉사는 고개를 힘차게 저었다. 심청이는 차갑게 얼어붙었던 몸이 심봉사의 말 한마디에 스르르 녹는 것 같았다.

"흑흑, 아버지, 아버지……."

심청이가 입을 막고 흐느껴 우는 소리에 심봉사의 큰 귀가 순간 팔랑거렸다.

"거기 청이냐? 청이 왔느냐."

흥, 하는 소리와 함께 뺑덕어멈이 돌아앉았지만, 심봉사는 문을 박차고 나가 심청이를 찾았다. 심청이는 마루 한편에 세워 둔 지팡이를 찾느라 마구 더듬거리는 아버지의 손을 달려가 잡았다.

"네, 아버지. 청이 왔습니다."

심청이가 고운 목소리로 대답했다.

"이 추운데 어딜 다녀오는 것이냐. 이 손 좀 봐라. 꽁꽁 얼지 않았느냐. 이런 일은 좀 하지 말래도, 다 큰 아가씨 손이 이렇게 거칠어서야 쓰겠느냐."

심봉사는 속상하다는 듯 한숨을 쉬었다. 심청이는 눈꼬리에 매달린 눈물을 쓰윽 닦으면서 아무렇지 않은 척 웃었다.

"제가 아직 물 긷는 게 서툴러서 오는 길에 물을 많이 흘려 그렇습니다. 아버지 목욕물을 좀 끓여 두려 했는데 이렇게 돼 버렸네요."

"아이고, 아주 그냥 부녀가 볼만하구려. 쯧쯧."

뺑덕어멈이 혀를 끌끌 찼다.

"어허, 자네 왜 혀를 차는가 그래."

"여기 찍찍거리는 쥐가 있는 거 같아서 그러지 뭐요. 흥."

뺑덕어멈은 있지도 않은 생쥐 타령을 해 댔다.

"자네는 왜 아직도 집엘 안 갔나. 어서 가시게나."

심봉사는 못마땅한 듯 혀를 쯧, 하고 찼다.

"아니, 내가 뭐 저 애를 영영 보내자고 했소? 상단에서 한 두어 달 일손을 돕다 보면 뭐, 금방 돌아오지 않겠소? 그럼 돈도 벌고 일도 배우고, 아니, 이거야말로 누이 좋고 매부 좋은 게 아니겠소. 안 그래요?"

뺑덕어멈의 말을 잠자코 듣고 있던 천년손이는 눈이 휘둥그레졌다.

"앗, **누이 좋고 매부도 좋다**는 저 말은 **일석이조(一石二鳥)**

랑 같은 뜻이잖아? 일석이조, **돌멩이 한 개로 새 두 마리를 잡는단 말** 말이야. 말하자면 콩 한 알로 두 명이 나눠 먹는 거랑 같은 거지."

순간 두루마리에서 황금색 빛이 번쩍하고 빛나는가 싶더니, 천년손이가 자그마한 콩알이 돼서 대들보 위를 떼구루루 굴렀다. 천년손이가 변신한 까만 콩은 달빛을 받아 반짝반짝 윤기가 났다.

"와, 나 지금 콩알로 변한 거야?"

천년손이는 자신의 변신에 깜짝 놀라 외쳤다.

"어머, 오라버니가 콩알로 변신했어요."

수아가 작은 소리로 외쳤다.

"천년손이 너 작은 걸로는 변신 못 하잖아."

자래도 놀라서 물었다.

"응. 그랬지. 근데 방금 이럴 땐 콩알 같은 걸로 변신하면 좋겠다고 생각했는데, 그 순간 콩알이 되어 있었어."

자래와 수아의 눈이 동그래졌다.

닥락궁에서 신선 후보생들이 배우는 변신술은 종류도 많고 단계도 복잡했다. 먼저 자신과 덩치가 비슷한 동물로 변신하는 것이 첫 단계인데, 여기까진 그럭저럭 누구나 배울 만했다. 원래부터 변신을 잘하는 구미호족 수아는 두 번 만에 자신과 크기가 같은 새끼 고라니로 완벽하게 변신했다. 콧잔등의 갈색 점까지 어찌나 그럴듯했는지 잘 웃지 않는 무뚝뚝한 변신 선생이 **박장대소**(拍掌大笑)할 정도였다.

그다음은 자신보다 큰 동물로 변신하는 단계였다. 이건 몸을 순식간에 몇 배로 키울 수 있어야 해서 밥을 스무 그릇은 먹어야 변신할 수 있었다. 하루 종일 불로초 이파리 몇 개 먹는 게 다인 신선 후보생들로서는 매우 어려운 일이었다. 그다음은 이쑤시개나 바늘처럼 가느다란 것으로 변신하기, 찰떡처럼 말랑한 것으로 변신하기, 깨알처럼 작은 것으로 변신하기, 바위나 돌멩이처럼 딱딱한 것으로 변신하기, 어린 애나 노인으로 변신하기, 요괴나 귀신으로 변신하기 등등이 있었다.

노상군과 어울려 다니는 패거리들은 왜 우리처럼 고귀한 신선이 하찮은 동물이나 돌멩이로 변신하는 걸 연습해야 하냐는 둥 투덜대기 일쑤였다. 사실 그만큼 어려운 도술이 변신술이기도 했다. 사람으로 변신하는 능력을 타고나는 구미호족이나 잉어, 자라, 거북이 등으로 변신이 가능한 용족 자래 말고는 변신술을 잘하는 신선 후보생들은 거의 없었다. 이건 총명하고 도술에 뛰어난 천년손이도 마찬가지였다. 은둔술 같은 도술은 둘째가라면 서러웠지만, 변신술엔 영 재능이 없어서 기초 단계도 잘 못했다.

그런데 천년손이가 방금 콩알로 변신하는 데에 성공한 것이다. 훅, 하고 숨을 들이마시자, 천년손이는 어느새 다시 본래의 몸으로 돌아가 있었다.

"깨달음의 두루마리 덕분일까?"

"아까 황금빛이 번쩍 빛났던 것도 그래서였나?"

"와, 그럼 사자성어를 많이 깨치면 깨칠수록 더 많은 도술을 쓸 수 있게 된단 뜻이잖아?"

천년손이의 가슴이 마구 콩닥거렸다. 변신 선생은 하루가 멀다 하고 다른 모습으로 변신하고 나타났다. 닥락궁에선 누구도 변신 선생의 진짜 모습이 어떠한지 알지 못했다. 이제 천년손이도 변신 선생 못지않은 변신의 고수가 된 걸까. 천년손이야말로 박장대소하고 싶었다.

방에서는 심청이가 심봉사의 잠자리를 봐주고 있었다.
"아이고, 청아. 이 아비는 너만 있으면 된다."
심봉사가 심청이의 손을 꼭 쥐고는 잠꼬대처럼 중얼거렸다. 이 모습을 본 뺑덕어멈은 흥, 하고 콧바람을 뀌며 문을 나섰다. 사립문을 걷어차고는 씩씩대며 걸어가는 뺑덕어멈의 뒷모습이 왠지 심상치 않았다.

"뭐야, 뺑덕어멈이 가 버렸어. 뺑덕어멈 몸에 붙은 '배은망덕'을 찾아와야 하는데……."
"괜찮아. 뺑덕어멈의 글자는 내일 날이 밝는 대로 찾아보고, 오늘은 심청이라 불린 저 아가씨의 글자를 찾아보자."
천년손이와 자래, 수아가 소곤거렸다.

8. 천년손이의 분투
분골쇄신(粉骨碎身)

 밤이 얼마나 깊었을까, 방을 밝히던 노르스름한 호롱불이 꺼졌다. 천년손이와 자래, 수아는 몰래 대들보에서 내려왔다. 뜨끈뜨끈한 아랫목에는 심봉사가 깊이 잠들어 있고, 구멍이 숭숭 난 창호지 문 앞엔 심청이가 몸을 동그랗게 말고 잠들어 있었다.

 "다 잠들었어."

 "빨리 살펴보자. 아까 이 심청이란 아가씨 몸 어디에 글자가 있었는지 기억하니?"

 "응. 팔이랑 어깨. 아, 치마에도 있었어."

수아가 소곤거렸다.

"그럼 내가 찾아볼게."

천년손이가 훅, 소리를 내면서 순식간에 작아졌다. 엄지손톱만 하게 작아진 천년손이는 이불 속으로 들어가 글자를 찾으러 다녔다. 심청이의 얼굴을 지나, 목을 지나, 가슴팍을 지나, 한참을 달렸다. 한순간, 황금빛이 번쩍 빛나는가 싶더니, 순식간에 다시 커진 천년손이가 속삭였다.

"방금 가까이에서 확인해 봤는데, 글자가 여러 개야. 근데 내가 아는 글자는 하나밖에 없어. 나머지는 모르겠어."

"그게 뭔데?"

자래가 의아하다는 듯 물었다.

"모르지."

"모른다고 하면 어떻게 해."

"모르니까 모른다고 하지."

천년손이가 어깨를 으쓱해 보였다.

"그럼 아는 건 뭔데?"

"신, 몸 신(身)"

천년손이가 몸을 이렇게 저렇게 비틀면서 꼬아 보였다.

"그럼 방금 번쩍하고 빛난 게 그 글자를 찾았기 때문이에요, 오라버니?"

수아가 물었다.

"응. 미안해. 나머진 잘 모르는 글자라서 못 찾아왔어."

천년손이가 머리를 긁적였다.

"괜찮아. 내가 가서 찾아볼게."

자래는 몇 번이고 주문을 외웠지만, 좀처럼 작아지지 않았다. 수아 역시 마찬가지였다.

"이게 무슨 조화일까요. 왜 오라버니는 되고 우린 안 되지요?"

"근데 지금 그게 중요한 게 아니야. 인간들이 깨기 전에 빨리 글자들을 찾아야 해."

자래는 마음이 다급해졌다.

"수아야, 신(身)이 들어가는 사자성어가 뭐가 있을까."

"으음, 지금 이 상황과 어울리는 사자성어일 거야. 심청이 아가씨랑 닮은 성어일 텐데……."

자래와 수아는 한참을 머리를 맞대고 고민했다.

"**신토불이**(身土不二)?"

"아니야. 그건 **몸과 땅이 둘이 아니고 하나라는** 뜻이야. 우리

땅에서 나고 자란 게 몸에 좋다는 건데, 이게 심청이 아가씨랑 무슨 상관이야."

"아, 그렇구나. 그럼 또 무슨 말이 있지?"

"**혈혈단신**(孑孑單身)은 어떨까?"

수아가 한참 생각하다가 말했다.

"그건 또 뭔데?"

"**의지할 데 없이 외롭고 쓸쓸한 처지**란 뜻이지."

"좋아. 가서 확인해 볼게."

천년손이는 순식간에 작아져서 글자들에게 혈혈단신이라고 외쳐보았다. 하지만 글자들은 두루마리로 빨려 들어가지 않았다. 펑, 소리와 함께 천년손이는 다시 커졌다.

"혈혈단신은 아니야. 글자들이 반응이 없어."

"음, 그럼 뭘까."

자래와 수아가 깊은 한숨을 내쉬었다.

"**행실을 닦고 집안을 바로잡는다, 수신제가 (修身齊家)**?"

펑, 소리가 나며 천년손이가 작아졌다가 금세 다시 커졌다.

"이것도 아니야."

"그럼, 음, 음, 뭐가 있지? 설마 **뼈가 가루가 되고 몸이 부서지도록 정성을 다한다**, **분골쇄신**(粉骨碎身)? 지금도 뺑덕어멈 때문에 고생인데?"

"으아아, 말도 안 돼."

펑, 소리가 나며 천년손이가 다시 확인했지만, 역시 아니었다.

자래와 수아, 천년손이는 여러 사자성어를 떠올려 봤지만, 번번이 아니었다.

"아아, 우리가 생각해 낸 게 다 아니라니……. 이제 어쩌지."

"그러게. 벌써 새벽이 오고 있어. 이제 구십구 일 남은 거야. 글자들을 찾아서 빨리 돌아가야 하는데……."

"이제 어쩔 수 없어. 날이 밝기를 기다려 보자."

천년손이와 수아, 자래는 하는 수 없이 밖으로 나왔다. 어둑한 밤하늘에 걸린 비스듬한 그믐달이 손톱처럼 야위어 있었다.

"우리 딸, 청아, 어디 가면 안 된다. 청아……, 청아…….."

방에서는 잠꼬대하는 심봉사와 자다가 뒤척이는 심청이의 깊은 숨소리만 들릴 뿐이었다.

"주변에 다른 글자들이 있을지 몰라. 주변을 돌면서 살펴보자."

수아가 소곤거렸다.

"아참, 난 뭐 좀 할 게 있어. 너희들 먼저 가."

자래가 천년손이와 수아의 등을 떠밀었다.

"뭘 하는데?"

"별거 아니야. 곧 따라갈게."

자래는 어깨를 으쓱하고는 펑, 소리를 내며 순식간에 사라졌다.

"자래가 뭘 하려는 거지?"

"자래는 영리하니까 뭐든 알아서 할 거예요. 그사이 우린 주변에 글자가 있는지나 찾아봐요. 오라버니."

수아와 천년손이가 심청이 집을 끼고 골목을 돌아설 때였다. 어디선가 바스락거리는 소리가 들렸다. 수아의 여우 귀가 쫑긋거렸다. 수아는 어둠 속에서 은밀하게 움직이는 이들을 금세 알아차렸다.

"오라버니, 저기 좀 보세요."

수아의 손가락을 따라가던 천년손이의 눈이 동그랗게 커졌다.

"헉, 저 사람들은……?"

고생 끝에 발견한 검은 매화단
고진감래(苦盡甘來)

매화꽃이 정교하게 새겨진 검은 복면을 쓴 이들이 담벼락을 따라 여럿 모여 있었다. 천년손이와 수아는 은둔술을 써서 재빨리 담벼락으로 숨어들었다. 검은 매화단은 심청이네 낡은 초가지붕 밑까지 샅샅이 훑고 있었다.

"저건 검은 매화단이잖아. 여긴 웬일이지?"

"검은 매화단도 이곳에 글자를 찾으러 온 걸까요? 저들도 깨달음의 두루마리 절반을 갖고 있잖아요."

담벼락으로 숨어든 수아와 천년손이가 작은 소리로 속삭였다.

"수아야, 잠깐, 그 말은 반대로 생각해 보면 이 근처에 글자들이 있단 거잖아. 우리도 서둘러야겠다."

검은 매화단은 울타리를 돌아서 골목 어귀까지 샅샅이 뒤졌지만, 결국 아무 글자도 찾지 못했다. 허탕 친 검은 복면들은 모여서 수군거렸다.

"저들이 뭐라고 하는지 들어 봐야겠다."

천년손이가 딱 소리가 나도록 손을 튕기자, 손가락 하나가 기다란 귀 모양 깔때기로 변신했다. 쭈우우욱 길게 늘어난 귀 모양 깔때기는 바닥을 사사삭 기어갔다. 수아는 기다랗게 늘어난 귀 깔때기에 귀를 가져다 댔다. 귀 깔때기를 통해서 검은 매화단이 어둠 속에서 나누는 이야기 소리가 들렸다.

"그쪽은?"

"없습니다."

"이쪽도 없다. 단주님이 아시면 불호령을 내릴 것이다. 조금 더 찾아보자."

명령을 내리는 검은 복면에는 매화가 두 송이 그려져 있었다. 두루마리를 가져갔던 매화 세 송이는 같이 오지 않은 모양이었다. 검은 매화단은 흩어져서 글자들을 찾으러 다녔지만, 심봉사네 낡디낡은 지붕에도, 뺑덕어멈이 발로 차고 간다 떨어져 나간 사립문 문짝에도, 귀퉁이가 떨어져 나간 장독대에도 없었다. 사자성어는커녕 글자 코빼기도 보이지 않았다.

"없습니다. 부단주."

"그래도 이대로 빈손으로 돌아갈 수는 없다. 심청인가 뭔가 하는 저 소녀가 깨어날 때까지 기다려 보자. 아참, 닥락궁의 신선 후보생들은 어찌 됐는지 알아보았느냐."

"뭐, 닥락궁?"

천년손이와 수아의 귀가 바짝 섰다. 검은 매화단이 더욱 바짝 붙어서 작은 소리로 소곤거렸기 때문에 귀 깔때기도 바짝 다가가야 했다.

"그게……, 동굴에서 만났던 녀석들이 인간계로 빠져나온 것 같습니다."

"뭐라고? 그 녀석

들이 인간계로 나왔다고? 그 녀석들도 분명 흑매탄에 당했을 텐데, 왜 아직 살아 있는 거지? 분명 그 하얀 옷 입은 상선은 흑매탄에 당하고 비틀거렸다. 내 두 눈으로 똑똑히 봤거늘, 그 녀석들은 왜 멀쩡한 거야? 흑매탄의 효과는 확인했느냐?"

"물론입니다. 부단주. 흑매탄은 신선이 그 향기만 맡아도 쓰러지고 의식을 잃습니다."

"단주께서 닥락궁 일로 신선들이 **정신없이 왔다 갔다 하며 좌충우돌**(左衝右突)하는 사이에 일을 재빨리 처리해야 한다고 그렇게 일렀거늘. 이게 다 어찌 된 일이란 말이냐. 어찌 인간계로 신선 후보생들이 빠져나와."

매화 두 송이가 야단하자, 검은 매화단은 고개를 푹 숙였다.

"죄송합니다. 부단주."

"우리가 얼마나 **오랜 시간 그 수모를 참아가며 견뎠느냐**. **고진감래**(苦盡甘來)라는 말처럼 이제야 좀 빛을 보는가 싶었는데, 만약 그 녀석들이 우리보다 빨리 글자들을 모으기라도 하면 모든 일이 수포로 돌아간다. 그동안 우리에게 검은 매화를 몰래 판 ……가 들통나기라도 하면……."

한층 작아진 소리에 귀 깔때기를 바짝 대느라 바닥에 고인

얼음 웅덩이를 미처 보지 못했다. 살얼음이 언 빙판을 스친 깔때기에 스윽, 하고 길게 생채기가 났다. 천년손이 입에서 저절로 아얏, 소리가 터져 나왔다.

"누구냐!"

검은 매화 두 송이는 말을 멈추고 주변을 둘러보았다. 수아가 그 순간 휙, 하는 휘파람 소리와 함께 장독대 뒤에 웅크리고 잠자고 있던 고양이 한 마리를 불러냈다. 검은 매화 두 송이가 소매를 휘젓자, 표창 하나가 허공을 가르며 타다닷 날아왔다. 표창은 고양이를 발견하고는 다시 방향을 틀어 되돌아갔다.

"고양이군. 인간들이 깨려는 모양이다. 우린 아직 글자들을 몇 개 모으지 못하지 않았느냐. 게다가 두루마리 사용법도 모르니, 한시가 급하다."

"부단주, 그럼 ……은 어찌해야 합니까."

"우린 단주님의 계획을 그대로 따르면 된다. 그렇게 하면 검은 매화를 판 ……이 누군지 아무에게도 들키지 않고 글자들을 회수할 수 있을 것이다."

한참을 속닥거리던 검은 매화단은 펑, 하는 소리와 함께 골

목길에서 연기처럼 홀연히 사라졌다.

"깜짝 놀랐지? 지켜 줘서 고마워."

수아가 털을 가만가만 쓰다듬어주자, 고양이는 갸르릉 소리를 길게 내고는 골목길 너머로 사라졌다.

"아니, 이게 다 무슨 소리지? 방금 검은 매화단이 무슨 소릴 한 거야. 설마 닥락궁에 정말로 검은 매화를 판 신선 후보생이 있다는 걸까?"

천년손이가 놀란 표정으로 물었다.

"그러게 말이에요. 설마……."

수아가 말을 다 잇지 않았지만, 천년손이도 같은 생각이었다. 이건 분명 노상군의 짓이었다.

"왜, 무슨 일인데?"

뒤늦게 나타난 자래는 어떻게 된 일인지 **처음부터 끝까지 자초지종(自初至終)**을 들었다.

"누군가 닥락궁에서 몰래 신선들을 해치기 위해 검은 매화단이랑 짜고 일을 벌인 게 틀림없어. 그렇지 않으면 검은 매화단이 그렇게 쉽게 닥락궁에 쳐들어올 수 없었을 거야."

자래의 말은 이번에도 **구구절절**(句句節節) 맞는 말이었다.

"그나마 **천만다행**(千萬多幸)인 건 저들도 아직 글자를 몇 개 못 모았단 거야. 그리고 두루마리 사용법도 모른다잖아. 어쩌면 우리가 더 빠를 수 있겠어."

수아가 말했다.

"맞아. 내일 심청이 아가씨의 글자들과 뺑덕어멈의 글자들을 모으면 우리가 더 빠를지도 몰라. 아참, 근데 너는 이 밤에 어딜 다녀온 거야?"

"어? 아, 별거 아니야. 몰라도 돼."

자래는 손을 내저으면서 쑥스러워했다. 검푸른 비늘이 오소소 떨리고, 볼은 살짝 붉은빛을 띠고 있었다.

"뭐가 아니야. 보면 볼수록 수상한데……."

날이 밝자마자 천년손이와 수아는 자래가 무슨 일을 했는지 알게 됐다.

 무리한 약속
설상가상(雪上加霜)

다음 날 아침이 밝았다.

"어머, 누가 신발에 이런 걸……."

심청이는 다 낡아 빠진 짚신을 신으려다가 말고 주변을 둘러보았다. 심청이의 신발에 작은 돌멩이 하나가 들어 있었다. 심청이는 신발에 들어 있던 자그마한 조약돌을 집어 들었다. 생긴 건 동그란 구슬 같은데, 만져 보니 일부러 데워 놓기라도 한 듯 뜨끈뜨끈했다. 조약돌의 온기는 순식간에 심청이의 온몸을 덥혀 주었다.

"어머, 참 따뜻하다. 마치 살아 있는 것 같잖아?"

심청이는 돌을 귀에 가져다 대고는 가만히 귀를 기울여 보았다. 조약돌은 심장이라도 뛰는 것처럼 쿵쿵 소리를 내고 있었다.

"어, 저거, 네 거잖아?"
천년손이가 놀란 얼굴로 물었다.
"저걸 인간이 가져도 되는 거야?"
수아도 깜짝 놀라 물었다.
"잠깐 빌려준 거야. 괜찮아."
자래는 그저 물끄러미 심청이를 볼 뿐이었다.
심청이가 손에 쥔 돌멩이는 보통 돌이 아니라 자래가 늘 가지고 다니는 여의주였다. 구름을 부르고 비를 내리고 바람을 불게 하는 여의주 말이다. 물론 심청이야 그게 여의주인지도 까맣게 몰랐지만, 여의주는 심청이의 몸을 신비한 기운으로 감싸 따뜻하게 만들어 주었다.
"누가 이리 고마운 일을 했을까."
심청이는 콧노

래를 부르며 빨래 더미를 챙겨 개울로 나섰다. 끈도 다 떨어진 짚신짝이었지만, 오늘따라 포근하게 느껴졌다.

"난 심청이 아가씨 옆에 글자들이 더 있는지 확인하고 올게. 이따가 다시 만나자."

자래는 이번에도 심청이를 따라갔다.

심청이가 개울로 빨래를 하러 간 사이, 심봉사가 일어났다.

"청아, 청아! 얘가 또 어딜 갔을꼬. 개울에 빨래를 하러 간 겐가."

심봉사는 주섬주섬 옷을 입더니, 지팡이를 짚고 길을 나섰다. 심봉사의 지팡이는 살얼음이 살짝 얼어 있는 빙판에서 몇 번이고 미끄러졌다. 눈이 멀쩡한 사람도 벌러덩 넘어지는 빙판길이니, 심봉사에겐 한 걸음 한 걸음이 아슬아슬했다.

"오라버니, 우리도 따라가 봐요. 글자들이 분명 저 심봉사와 심청이 아가씨 근처에 더 있을 거예요."

"그래. 가 보자."

수아와 천년손이는 심봉사를 몰래 뒤따랐다.

한참을 더듬거리면서 지팡이를 짚고 가던 심봉사가 마을 끄트머리에 있는 개울에 다다랐을 때였다. 웬 삿갓을 눌러쓴 스님 하나가 개울 한복판의 다리 위에서 걸어오고 있었다.
"저 사람, 왠지 이상해요."
수아가 속삭였다.
"이 마을에선 처음 보는 사람인데, 왜?"
천년손이의 말에 수아는 코를 킁킁거리더니, 눈살을 찌푸렸다. 그때 요란한 풍덩, 소리가 났다. 심봉사가 다리에서 발

을 헛디뎌 차가운 개울물에 빠지고 만 것이다. 살얼음이 얼어서 차디찬 개울물이었다.

"어푸, 어푸! 살려 주시오! 살려 주시오! 아이고, 나 죽네, 아이고, 나 죽어!"

심봉사가 헐떡거리면서 소리쳤다.

"앗, 심봉사 아저씨가 물에 빠졌어요. 어쩌지요?"

"우린 인간 일에 간섭하면 안 된다며! 도술도 못 쓰고 어떻게 하지?"

천년손이와 수아가 발을 동동 굴렀다. 그때 삿갓을 쓴 스님이 기다렸다는 듯이 심봉사를 물에서 건져 올렸다.

"휴, 다행이다. 그래도 물에 빠진 심봉사를 저 스님이 구해 주셨어."

천년손이가 속삭였다. 그때 차가운 겨울바람 한 자락이 스님의 삿갓을 스쳐 수아와 천년손이에게로 불어왔다. 순간, 삿갓 쓴 스님의 냄새를 확인한 수아의 눈이 동그랗게 커졌다.

"오라버니, 저 사람은 평범한 스님이 아니에요. 이 냄새는 틀림없어요. 검은 매화예요."

"뭐? 검은 매화라고?"

"네. 검은 매화 향기가 나요. 저 사람은 검은 매화단이에요!"

수아는 단호하게 고개를 끄덕였다. 한 번 맡은 냄새는 수아 머릿속에서 결코 지워지지 않으며, 헷갈리는 일도 없었다. 천년손이는 수아의 말에 깜짝 놀라 가슴이 쿵쿵거렸다.

"저 사람이 정말로 검은 매화단이란 말이냐?"

수아가 가볍게 손가락을 튕겼다. 상대의 변신술을 벗겨 내고 사물의 이치를 꿰뚫어 보는 도술인 투시술이었다. 수아가 투시술을 써서 천년손이의 눈꺼풀 위를 몇 번 왔다 갔다 하자 천년손이도 알아차렸다. 잿빛 두루마기 아래 입고 있는 검은 옷, 삿갓에 가려진 진짜 얼굴은 바로 검은 복면을 한 매화단의 단주, 매화 세 송이였다.

"앗, 저 사람은 검은 매화단의 단주잖아. 깨달음의 두루마리를 저자가 가져갔어."

"근데 지금 여기서 뭐 하는 걸까요."

천년손이와 수아가 속삭이는 사이, 심봉사는 물에 흠뻑 젖은 생쥐 꼴로 고개를 연신 숙여댔다.

"아이고, 살았습니다. 스님, 고맙습니다. 제가 눈이 안 보여 이렇게 추운 날 물에 빠졌지 뭡니까. 스님 아니었으면 죽었을 겁니다. 이 은혜를 어찌 갚을지 모르겠습니다."

심봉사는 눈물 콧물 범벅이 된 얼굴을 젖은 소매로 닦았다.

"눈이 안 보이는데 물에 빠지다니, 그야말로 **엎친 데 덮친 격**이 아닙니까. 참으로 **설상가상**(雪上加霜)이군요."

그 순간 번쩍하는 황금빛이 비쳤다. 그리고는 스님의 옷소매 속으로 글자들이 쪼르륵 빨려 들어갔다.

"저기 글자들이다!"

"어머, 방금 글자들이 빨려 들어갔어요. 오라버니."

"이럴 수가……. 우리가 한발 늦었구나."

천년손이와 수아는 할 말을 잃고 **망연자실**(茫然自失)해졌다.

"스님, 저는 어릴 때부터 앞을 못 봐 이런 실수가 잦습니다. 돌부리에 걸려 넘어지고 물웅덩이에 미끄러지기가 **부지기수**(不知其數)였지요. 흐흐흑, 오늘 스님께 **각골난망**(刻骨難忘)할 큰 은혜를 입었으나, **뼈에 새길 큰 은혜를 갚을** 길조차 없습니다. 이게 다 제가 앞을 못 봐서 벌어진 일입지요."

심봉사가 축축하게 젖은 옷에 눈물을 닦으면서 말했다.

"눈을 뜰 방법이 한 가지 있긴 한데……."

삿갓 쓴 스님, 아니 검은 매화단 단주가 말끝을 흐렸다.

"눈을 뜰 방법이 있다고요? 스님, 그 방법이란 게 뭡니까. 알려만 주신다면 제가 무슨 일이든 하겠습니다!"

심봉사가 소리쳤다.

"정말로 무슨 일이든 할 수 있습니까?"

검은 매화단 단주는 낮은 소리로 물었다.

"그럼요. 제가 어릴 때부터 젖동냥을 해서 키운 제 딸 청이를 걸고 맹세할 수 있습니다. 눈만 뜰 수 있다면 뭐든 하겠습니다요."

심봉사가 맹세하는 소리가 개울 너머까지 울려 퍼졌다.

"그건 바로……."

검은 매화단 단주는 심봉사에게 무어라 한참을 속삭였다.

수아의 뾰족한 여우 귀가 연신 쫑긋거렸다.

"수아야, 저 매화 세 송이 녀석이 뭐라고 하는 거야?"

"모르겠어요. 잘은 안 들리는데, 공양미 어쩌고 하는데요."

"공양미가 뭐야?"

"부처님께 바치는 쌀이에요. 심봉사는 가진 거라고는 다 쓰러져 가는 초가집 한 칸이 전부인데, 웬 공양미지요?"

"그러게. 검은 매화단 단주가 공양미를 뭐에 쓰려는 거지?"

천년손이와 수아는 서로 마주 보며 의아해했다.

"무슨 일을 벌이려는 걸까?"

한참 만에 심청이를 따라 들어온 자래와 머리를 맞대고 궁리를 거듭했지만, 무슨 까닭인지 알 수가 없었다.

"공양미는 또 뭘까."

"그러게 말이야. 아마도 검은 매화단이 하려는 짓이 무엇인진 몰라도 분명히 좋은 일은 아닐 거야."

한편 물에 빠진 생쥐 꼴로 돌아온 심봉사는 저녁 내내 끙끙 앓는 소리를 했다.

"아버지, 이게 다 무슨 일이에요?"

"그게……, 아니, 아니다. 아이고, 요 입이 방정이지. 내가 어쩌자고 그런 약속을 해서……."

심봉사가 다시금 끙끙 앓았다.

"아버지, 무슨 걱정이라도 있으세요?"

"아니다. 아니야. 청이 넌 아무것도 몰라도 된다."

심봉사가 끙 소리를 내며 돌아누웠다. 심청이는 다 떨어진 낡은 옷을 기우면서 꾸벅꾸벅 졸았다.

인생을 건 단호한 결심
결초보은(結草報恩)

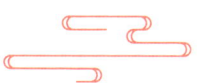

아침부터 울타리 밖에서 요란한 소리가 들려왔다.

"심청아! 심청아!"

심청이가 빨래를 널다 말고 몸을 돌렸다. 주머니에 든 조약돌에서는 은은하게 푸른빛이 감돌았다.

"어머, 아저씨. 어서 오세요. 무슨 일 있으세요?"

"아, 이 스님이 마을 어귀에서 집을 물으시기에, 내가 모시고 왔다."

사내는 바람이 쌀쌀한지 손을 겨드랑이에 넣고 비벼 대며 말했다.

"스님, 안녕하세요. 스님은 누구신데, 저희 아버지를 찾으시나요."

심청이가 손을 공손하게 모으며 물었다.

삿갓을 쓴 스님이 탁탁탁, 목탁을 치면서 고개를 숙였다.

"처음 뵙겠습니다. 아가씨가 바로 청이, 심봉사 님의 따님이시군요."

"네. 제가 청이입니다. 무슨 일이신가요, 스님."

심청이는 어찌 된 영문인지 몰라 눈이 동그래졌다.

"어제 아버님께서 개울에 빠졌던 걸 알고 계시는지요?"

"어제 저녁 흠뻑 젖어 돌아오셨는데, 그럼 개울에 빠지셨던 건가요?"

"그렇습니다, 허허허. 부친께서 개울물에 빠져 허우적거리는 걸 제가 구해 드렸지요."

"아, 스님. 고맙습니다. 아버지를 구해 주셔서 정말로 감사합니다."

심청이는 눈물이 글썽글썽해서는 몇 번이고 고개를 숙여 인사했다.

"제가 어제 개울에서 구해 드렸더니, 이리 말씀하시더군요.

어릴 때부터 앞을 못 봐서 늘 속상했다고요. 눈을 뜰 수 있다면 무엇이든 하겠다고 하셨습니다."

"아버지께서 무슨 일이든 하겠다 하셨다고요?"

"심봉사께서는 사흘 뒤 저희 절에 시주하기로 하셨습니다. 오늘 그 이야기를 드리러 왔소이다."

"네? 시주라고요?"

낡은 치맛단에 손을 문지르며 심청이가 난처한 듯 물었다.

"부친께서는 무려 공양미 삼백 석을 시주하겠다고 하셨습니다. 허허허."

스님은 입꼬리를 슬며시 올리며 웃었다.

"네? 공양미를 삼백 석이나요?"

"예, 그렇습니다. 부처님께 약속한 것은 반드시 지켜야 합니다."

스님은 목탁을 탁탁 치면서 말했다.

"하지만 당장 먹을 쌀도 없는데 어찌 공양미를……."

심청이는 당황해서 말끝을 흐렸다.

"허허허, 그게 다 부처님께서 자비를 베푸셔서 부친께 눈을 뜰 기회를 주신 겁니다. 공양미 삼백 석만 바치면 눈을 뜨실 겁니다."

"스님, 어릴 때부터 앞을 못 보신 아버지께서 어찌 눈을 뜨실 수 있겠어요. 그건 **연목구어**(緣木求魚)와 같지 않습니까."

스님은 천천히 고개를 가로저었다.

"방금 연목구어라 하셨소? **나무에 올라 물고기를 잡으려는 것처럼 불가능하단 말**이군요. 아가씨, 잘 들으십시오. 낫고자 하는 굳건한 믿음이 있다면 낫는 것이고, 눈을 뜨고자 한다면 눈을 뜰 것입니다. 굳은 믿음만 있다면 세상에 능치 못할 일은 없습니다. 아가씨는 어찌하여 부처님이 하신 말씀을 의심하는 것이오."

한참을 말이 없던 심청이는 **반신반의**(半信半疑)한 표정으로 물었다. **반은 믿고 반은 의심**하는 얼굴이었다.

"스님, 그렇다면 정말로 공양미 삼백 석만 바치면 아버지께서 눈을 뜨실 수 있다는 건가요?"

"그렇다마다요."

"만약 아버지께서 눈을 뜨실 수만 있다면, 그 은혜 결코 잊지 않겠습니다. 제가 **결초보은**(結草報恩)하여 **반드시 은혜를 갚겠습니다**, 스님."

순진한 심청이는 몇 번이고 되새기듯 말했다.

"부처님께 약속한 대로 사흘 뒤에 공양미 삼백 석을 바치십시오. 그럼 부친께서는 반드시 눈을 뜨실 것입니다."

스님은 목탁을 탁, 탁, 소리가 나게 치면서 멀어져 갔다.

"오라버니, 우리도 따라가 봐요. 저들이 모여서 무슨 꿍꿍이를 꾸미는지 알아봐야겠어요."

"그래. 따라가 보자. 자래 너는 여길 지키고 있어."

수아는 주황빛 고양이로 변신하고, 천년손이는 수아의 목에 달린 방울로 변신해 스님을 따라갔다. 스님은 마을에서 멀어지자마자 거추장스러운 삿갓과 잿빛 두루마기를 벗어 던졌다. 예상대로 삿갓 속에선 검은 복면을 한 검은 매화단의 단주가 모습을 드러냈다.

"어떤가."

검은 매화단의 단주가 부단주에게 물었다.

"네, 단주. 성공한 것 같

습니다. 심청이가 중국 상단과 함께 바다로 나가면 바로 처리하시지요."

"그래. 우린 심청이 몸에 있는 글자만 찾으면 된다. 쉽게 눈에 띄지 않는 걸로 보아 아마 대단한 힘이 있는 글자일 것이다. 어제 얻은 **설상가상**(雪上加霜)과는 비교도 안 될 테지."

검은 매화단 단주는 두루마리에서 꿈틀거리는 황금빛 글자들을 들여다보며 중얼거렸다.

"그럼 심청이는 어떻게 할까요."

"심청이 몸에서 글자만 찾으면 나머지는 알 바 아니다. 중국 상단이 지나는 인당수 물결이 몹시 사납다고 하니, 거기에 던져 물고기 밥이 되게 하면 좋겠군."

"네, 단주, 알겠습니다."

검은 매화단은 심청이를 인당수에 던지기로 했다. 하지만 이런 사정은 까맣게 모른 채 심청이는 커다란 결심을 하고 있었다.

"아이고, 잘됐구려. 당신 눈만 뜰 수 있다면야 뭘 못 하겠소."

뺑덕어멈 목소리가 문밖까지 쩌렁쩌렁 울려 퍼졌다.

"내 평생소원이 눈을 뜨는 것이었으니, 그야 그렇지만…….
그래도 우리 형편에 무슨 수로 공양미를 마련하겠소. 가진
재산이라고는 병아리 눈물만큼도 없는데 말이오."

"뭐, 그건 그렇지만, 방법이 아예 없는 건 아니지 않습니까."

"그 방법이란 게 뭐요?"

"중국 상단으로 가는 배에서 열다섯 살이 안 된 어린 소녀
를 구하지 않습니까. 청이가 마침 딱 그 나이니까, 그 배에 타
면 공양미 삼백 석 정도는 마련하지 않겠소?"

"하지만 그런 위험한 일을 어찌 하라고 할 수 있소? 우리
청이더러 인당수에 빠져 죽기라도 하라는 거요?"

"아니, 내가 언제 청이더러 죽으라고 했다는 거요? 그저 중
국 상단 가는 배에 타기만 해도 돈을 후하게 쳐준다고 하니,
하는 말이지 않소. 말만 잘하면야 얼마든지 공양미 삼백 석
값 정도는 해결할 수 있을 거요. 아니면 내가 오늘 밤이라도
상단 사람들을 만나 볼까요?"

"무슨 말도 안 되는 소릴 하는 거요."

"사흘 뒤엔 공양미를 내야 한다면서요? 마침 상단도 사흘

뒤에 떠나니, 딱 좋네, 딱 좋아."

뺑덕어멈이 입술을 씰룩거리면서 삐죽삐죽 웃어 댔다.

"내가 어쩌다가 그런 약속을 했는지. 아이고, 내 입이 방정일세, 방정이야."

심봉사는 오늘도 끙 하는 소리와 함께 바닥에 드러누웠다.

"아버지……, 아버지 눈을 뜨게 할 수만 있다면 제가 무슨 일인들 못할까요."

문밖에서는 심청이가 이 모든 소리를 듣고 있었다.

"아버지께서 눈만 뜨실 수 있다면 저는 얼마든지 배를 탈 것입니다."

심청이의 눈에 고여 있던 눈물이 주르륵 뽀얀 볼을 타고 흘러내렸다.

"심청이 아가씨, 안 돼요. 그건 검은 매화단이 글자를 훔치려고 꾸민 짓이라고요."

천년손이와 수아 그리고 자래는 함부로 인간의 일에 끼어들 수 없으니, 그저 안타까울 따름이었다.

12 결정의 순간이 오다!
양자택일(兩者擇一)

다음 날 새벽 심청이는 심봉사 몰래 집을 나섰다. 심청이의 얼굴이 무언가를 굳게 결심한 듯 단호해 보였다.

"이렇게 이른 아침에 심청이 아가씨가 어딜 가는 거지?"
"검은 매화단이 노리고 있을 거야. 우리도 따라가자."
"맞아. 심청이 아가씨가 위험할 수도 있어."
천년손이와 수아, 자래는 심청이 뒤를 몰래 따랐다. 골목을 따라 한참을 걷던 심청이는 어느덧 마을 끄트머리에 있는 여각으로 들어섰다. 여각 주변을 돌아다니는 중국 상인들이 심청이를 힐끗거렸다.

"저긴 중국 상단이 묵는 곳이잖아."

"그러니까 말이야. 중국 상단을 일부러 찾아온 건가?"

자래가 근심 어린 표정으로 말했다.

심청이는 중국 상단의 단주가 묵는 방문을 두드렸다.

"이 이른 시각에 무슨 일이냐."

중국 상단의 단주는 놀란 얼굴로 문을 열었다가 심청이를 보고는 고개를 갸우뚱했다.

"단주님께 드릴 말씀이 있습니다."

심청이는 상단 단주의 얼굴을 빤히 바라보았다.

문틈 사이로 두 사람을 바라보던 수아가 코를 킁킁거렸다.

"앗, 이 냄새! 오라버니, 틀림없어요. 이건 검은 매화 향기예요."

"검은 매화라고?"

자래와 천년손이가 동시에 외쳤다.

"네. 이럴 수가……, 투시술!"

수아가 손가락을 가볍게 튕겼다. 투시술을 쓰자 중국 상단 단주의 진짜 모습이 드러났다. 그럴듯하게 변신하긴 했지만, 중국 상단의 단주는 다름 아닌 매화 세 송이, 바로 검은 매화단의 단주였다.

"저건 검은 매화단 단주잖아?"

자래가 작은 소리로 속삭였다.

"심청이 아가씨에게 붙어 있는 글자를 차지하기 위해 꿍꿍이를 꾸미고 있어."

"맞아. 뭔가 수상하다 했어."

천년손이도 수아의 말에 맞장구쳤다.

"그래. 원하는 게 무엇이냐."

검은 매화단의 단주는 심청이를 예리한 눈으로 쳐다보았다. 심청이를 꿰뚫어 보기라도 하는 듯 매서운 눈초리였다. **호랑이가 먹이를 노리는 것처럼**, **호시탐탐**(虎視眈眈) 글자를 찾으려는 듯했다.

"제가 배에 오르면 저희 아버지께 쌀 삼백 석을 내어 주세요."

"삼백 석? 너처럼 어린아이가 그 많은 쌀을 어디에 쓰려는

게냐."

단주는 짐짓 놀란 시늉을 했다.

"그건 말씀드릴 수 없습니다."

심청이는 단호하게 고개를 저었다.

"만약 배가 인당수에 닿았을 때 풍랑이 일면 우리 상단에서는 누군가를 바다에 바쳐야 할 수도 있다."

심청이는 굳은 얼굴로 단주를 바라보았다.

"그런 이야기는 들은 적이 없어요. 금시초문(今時初聞)이에요."

"좋다. 처음 듣는다고 하니, 설명해 주지. 잘 듣거라. 우리 상단이 지나는 바닷길에서 가장 험한 곳이 바로 인당수다. 그곳에서 풍랑이 일면 우린 어쩔 수 없이 제물을 바쳐야 한다. 그래야 바다 괴물의 화가 풀려 바다가 잠잠해지거든."

"……"

심청이는 아무 말이 없었다.

"자, 죽음을 각오하고 우릴 따라서 가겠느냐, 아니면 앞 못 보는 네 아비와 함께 남겠느냐. **둘 중 하나를 골라야 한다. 양자택일**(兩者擇一)하거라. 선택은 오롯이 네 몫이다."

단주의 말에 심청이는 잠시 고민하는가 싶더니, 이내 입을 열었다.

"쌀을 선택하겠습니다. 아버지께서 눈을 뜨실 수만 있다면 저는 아무래도 상관없습니다."

"좋다. 후회는 없겠지."

단주의 입꼬리가 쓰윽 올라갔다.

"네. 오늘 바로 아버지께 쌀을 가져다주신다고 약속만 해주세요."

"어떻게 해. 그럼 심청이 아가씨가 검은 매화단 단주가 이끄는 상단을 따라간다는 거 아니야?"

"방금 쌀 삼백 석을 선택했잖아. 어쩔 수 없지. 일단은 상단과 함께 떠나는 수밖에······."

"말도 안 돼요. 검은 매화단이 이끄는 상단인데, 그걸 왜 따라가요. 오히려 못 가게 해야 하는데, 무슨 수로 막지요?"

천년손이와 자래, 수아가 소곤거리는 사이, 심청이는 여각을 나섰다. 터덜터덜, 집으로 돌아오는 심청이의 발걸음은 무겁고 더디기만 했다.

"청아, 청아! 어디 다녀오는 게냐."

마당에서 서성거리던 심봉사가 지팡이로 땅바닥을 마구 더듬거렸다.

"볼 일이 있어서요. 어디 좀 다녀왔습니다."

"아이고, 그래. 하아, 나는 또 네가 어디 간 줄 알았구나."

심봉사가 그제야 마음이 놓인다는 듯 더듬거리면서 심청이의 손을 잡았다. 심청이는 심봉사의 손을 잡고 마당으로 이끌었다.

"아니에요. 아버지. 아버지를 두고 제가 어딜 가겠어요."

심청이는 부드럽게 웃고는 심봉사를 방으로 모셨다.

"아버지, 시장하시지요. 제가 금방 밥 지어 올릴게요."

심청이는 유난히 꼼꼼하게 쌀을 씻어서 밥을 지었다. 잠시 뒤, 새하얀 쌀밥을 고봉으로 올린 밥상이 심봉사 앞에 차려

졌다. 심봉사가 밥을 한술 뜨고는 놀라서 말했다.

"아니, 이게 웬 쌀밥이냐. 우리 형편에 이런 쌀밥이 어디서 난 게야."

심청이가 치마에 물 묻은 손을 쓱쓱 문질러 닦았다.

"그게……. 사실은……. 흐흐흑, 아버지, 공양미 삼백 석만 있으면 눈을 뜬다고 하셨잖아요. 공양미 삼백 석을 준다는 곳이 있어서 거기에서 일을 하기로 했어요."

"아니, 그게 무슨 소리야. 너한테 삼백 석이나 되는 쌀을 줄 사람이 어디 있다는 것이냐. 그건 **아무리 어린 삼척동자**(三尺童子)라도 알겠구나."

심봉사는 어리둥절한 소리로 말했다.

"아버지, 잘 들으세요. 저는 오늘 이곳을 떠나 중국으로 갑니다. 중국 상단에서 쌀 삼백 석을 줄 거예요. 앞으로 뺑덕어멈과 함께 행복하게 사시면 됩니다. 저는 일 잘 마치고 돌아올게요."

"아니, 그게 무슨 소리냐. 청이 네가 가긴 어딜 간다는 게야. 말도 안 된다. 공양미, 그깟 거 안 바치면 어때. 차라리 내가 죽고 말지. 널 어디 보낸다는 게냐. 흐흐흐흑……. 내가 어쩌다가 그런 소릴 해서 널 사지로 보낸단 말이냐."

심봉사는 심청이의 어깨를 부여잡고 흐느껴 울었다. 하얀 쌀밥이 방 안 여기저기에 흩어졌다.

"괜찮아요, 아버지. 중국 상단을 따라가서 일 열심히 하고 돌아올게요. 제가 부자가 돼서 돌아올지도 모르잖아요."

심청이는 애써 눈물을 닦으며 아버지의 입에 밥을 떠 넣었다.

"아니다, 아니야. 내가 왜 너를 팔아 공양미를 삼백 석이나 바치겠느냐. 아니다, 아니야. 청아, 청아, 내 딸 청아……."

"아버지, 저는 괜찮아요. 아버지께서 눈만 뜨실 수 있다면 저는 아무래도 상관없어요. 아버지, 아버지……."

심청이와 심봉사가 서로 부둥켜안고 흐느껴 우는 소리가 방 밖으로 터져 나왔다. 멀리서 이 광경을 몰래 숨어서 보던 뺑덕어멈의 얼굴 가득 심술궂은 웃음이 떠올랐다. 흥, 하는 콧소리와 함께 돌아서는 뺑덕어멈의 손에는 검은 매화가 쥐여 있었다.

13 위험에 빠진 탐험대
역지사지(易地思之)

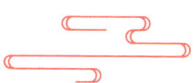

그때 밖에서 상단 사람들이 청이를 부르는 소리가 들렸다.

"청아, 준비됐느냐."

"예, 곧 나갑니다."

청이는 앞섶이 다 떨어져 나간 낡은 저고리를 몇 번이고 매만졌다.

"아버지……. 흐흐흑……."

"……."

심청이가 소리 죽여 울었지만, 심봉사는 돌아앉은 채로 꿈쩍도 하지 않았다.

"……아버지, 저 다녀오겠습니다. 부디 몸 건강히 계셔야 합니다. 꼭 눈을 뜨셔야 해요……."

심청이는 심봉사의 등에 대고 절을 올렸다.

"자, 어서 가자. 갈 길이 멀어. 서둘러야 한다."

상단 사람들이 심청이를 데리고 길을 나섰다. 심청이는 가다가 뒤돌아보고, 또 가다가 뒤돌아보느라 걸음이 느렸다.

"어허, 서두르래도."

심청이가 상단 사람들을 따라 얼마나 갔을까.

"청아, 청아! 내 딸 청아, 가면 안 된다. 가지 마라, 청아!"

심봉사가 갑자기 울면서 방을 뛰쳐나갔다. 상단에서 보낸 쌀이 좁은 초가집 마당에 수북이 쌓여 있었다. 무려 삼백 석이나 되는 쌀을 구경하러 온 마을 사람들이 술렁였다.

"아이고, 기어이 청이가 중국 상단을 따라가는구먼."

"저걸 불쌍해서 어째."

마을 사람들은 쯧쯧 혀를 찼다.

"아, 어떡하면 좋아."

수아도 손을 잡고 발을 동동 굴렀다.

"그래도 여의주가 있으니까 어디로 가는지 알 수 있어."

말은 담담하게 했지만, 자래는 곧 **입을 꾹 다물고 더는 말이 없었다**. **함구무언**(緘口無言)하는 자래는 몹시도 안타까운 표정이었다.

"바다는 자래 네가 누구보다 잘 알잖아. 우리가 바다에 가서 심청이 아가씨를 구해 주는 거야."

천년손이가 품에서 작은 부적을 한 장 꺼내 허공으로 날렸다. 허공에서 팔랑거리던 부적은 펑, 소리를 내면서 커다란 투명 가림막으로 변했다. 투명 가림막은 허공에 둥둥 떠서 천년손이 삼인방을 가려 주었.

"이 뒤에 숨으면 아무도 우릴 못 봐. 가자."

"그래요. 우리가 검

은 매화단을 물리치고 심청이 아가씨를 구해 주자고요."

수아와 자래, 천년손이는 투명 가림막 뒤에 숨어서 심청이를 따라갔다. 얼마나 갔을까, 수아가 문득 걸음을 멈추고 뒤를 돌아보았다.

"앗, 이 냄새! 뺑덕어멈이 왔어요."

뺑덕어멈이 멀리 사람들 사이에 끼어서 심청이가 떠나는 뒷모습을 바라보고 있었다.

"너희들 먼저 가고 있어. 난 뺑덕어멈 몸에 숨은 글자들을 찾아올게."

천년손이가 말했다.

"무슨 소리야, 위험해. **경거망동**(輕擧妄動)하면 안 돼."

"오라버니, 자래 말대로 그렇게 생각 없이 경솔하게 행동하면 안 돼요."

수아와 자래가 말렸지만, 천년손이는 다음 순간 펑, 소리와 함께 생쥐로 변신해서 쪼르르 달려갔다.

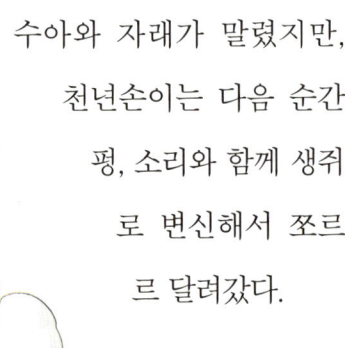

"청아, 청아!"

미처 신도 신지 못하고 달려가는 심봉사가 얼음길에 미끄러져 나뒹굴었다.

"아이고, 심봉사, 괜찮소?"

마을 사람들이 심봉사를 양쪽에서 부축해 일으켰다.

"<u>ㅎㅎㅎ흑</u>……, 우리 청이는 얼마나 갔소, 어디로 갔소, 우리 청이는 어디에 있는 거요. 청아, 청아, 내 딸 청아……. 내가 어쩌다가 그런 말도 안 되는 약속을 해서 이 지경이 됐을꼬. 청아, 청아."

심봉사는 얼음판에 주저앉은 채로 흐느꼈다.

"아이고, 저를 어째. 청이도 안됐고, 심봉사도 안됐네……."

"쯧쯧, 그러게 말이여. 어릴 때부터 아버지 지팡이 잡고 다니던 청이 아닌가."

"앞 못 보는 아비 눈 뜨게 한다고 중국 상단을 따라가다니, 청이가 불쌍해서 어떡하나. 쯧쯧쯧."

혀를 끌끌 차는 동네 사람들 보란 듯, 뺑덕어멈이 치맛자락을 홱 말아 쥐며 나타났다.

"뭐가 어쩌고 저째? 팔자 고치러 중국 상단 따라간 청이가 뭣이 불쌍하다는 거야?"

뺑덕어멈이 빽 소리를 질렀다.

"뺑덕어멈, 자네 **역지사지(易地思之)**라는 말 들어 보았나?"

"역지사지가 뭐요?"

"**남과 입장을 바꿔 생각해 보란 뜻**이지 뭐긴 뭐요. 뺑덕어멈도 저 심청이랑 입장 바꿔서 생각해 보시오. 앞 못 보는 아비를 모시느라 어릴 때부터 고생만 한 청이가 아니오. 그런데 저 어린 나이에 중국 상단을 따라갔으니, 이래도 안 불쌍하단 말이오?"

"응, 난 하나도 안 불쌍하네그려. 심청이 저것이 나를 아주 못 잡아먹어서 안달이었거든. 흥!"

"청이가 뺑덕어멈을 어찌 잡아먹겠는가. 쯧쯧, 저 못된 심보 좀 보소."

"참으로 **후안무치(厚顔無恥)**하네그려. **어찌나 낯가죽이 두꺼운지 부끄러운 줄도 몰라.**"

뺑덕어멈 표정이 오늘따라 여간 사납지 않았다. 뺑덕어멈은 히죽히죽 웃으면서 어딘가를 바라보았다. 바로 쌀이 삼백 석이나 수북하게 쌓여 있는 심봉사네 초가집 마당이었다.

쥐로 변신한 천년손이는 뺑덕어멈 옆으로 곧장 달려갔다.
"**배은망덕! 은혜를 잊는다.**"
천년손이가 뺑덕어멈 옆에서 외치려다 말고 멈칫했다.
"뭐야, 글자가 다 사라졌잖아. 어디로 갔지?"
뺑덕어멈 코끝에서 달랑거리던 글자들이 어디로 갔는지 도통 보이질 않았다.
"잡았다, 이 녀석, 요 생쥐 녀석! 이 귀한 쌀을 또 훔쳐 먹으려고 온 거지? 내 너한텐 한 톨도 못 준다!"
뺑덕어멈이 커다란 손을 천년손이를 향해 힘차게 내려쳤다.
"으아아악!"
비명소리와 함께 천년손이는 그대로 뺑덕어멈 손에 잡히고 말았다.
"오라버니!"
"천년손이야!"
수아와 자래가 외치는 소리가 귓가에 맴돌다 사라졌다. 천년손이는 그대로 의식을 잃고 말았다.

앗, 이럴 수가!
신선 후보생들 너희도 방금 봤지?
생쥐로 변신한 천년손이가 뺑덕어멈한테 잡혔어.

찾아야 할 사자성어는 산더미 같고,
검은 매화단은 곳곳에 있는데 말이야.
천년손이 삼인방이 헤쳐 나가야 할 일들이
정말 **첩첩산중(疊疊山中)** 쌓여 있지 않니?

심청이는 어떻게 됐냐고?
심청이는 중국 상단을 따라 배에 올랐어.
자래가 준 여의주를 꼭 쥐고 말이야.

내가 모든 걸 다 아는 깨달음의 두루마리긴 하지만,
사자성어가 없으면 힘이 없어.
빨리 힘을 되찾아서
도술을 **자유자재(自由自在)** 로 부릴 수 있으면
좋겠는데 말이야.

너희들이 책에서 찾아낸 사자성어를 한번 모아 볼래?
지금 천년손이에게는 바로
그 사자성어의 힘이 필요하거든!

14 천년손이의 신통방통한 구출 계획
일거양득(一擧兩得)

"오라버니, 오라버니! 눈 좀 떠 보세요."

누군가 천년손이를 부르고 있었다. 익숙한 목소리에서 따뜻하고 포근한 기운이 느껴졌다. 수아였다. 사방이 캄캄한 와중에 실낱같은 달빛 한 줄기가 비쳐 들고 있었다. 벌써 어두운 밤이었다.

"어, 수아야. 여긴 어디야. 어떻게 된 거야? 이건 또 뭐고?"

천년손이가 벌떡 일어나 앉았다. 머리에 소쿠리가 콩, 하고 닿았다. 생쥐로 변신한 천년손이를 뺑덕어멈이 소쿠리를 엎어서 가둬 둔 것이었다.

"어떻게 되긴요. 아까 생쥐로 변신한 채 뺑덕어멈 손에 잡혀 왔어요."

걱정스러운 얼굴로 수아가 천년손이를 내려다봤다. 수아는 천년손이를 가둬 두었던 소쿠리를 치웠다.

"이제 됐어요. 어서 나오세요. 오라버니."

"하아, 아까 정말 죽는 줄 알았어."

천년손이는 뺑덕어멈의 두툼하고 커다란 손을 떠올리며 몸을 흠칫 떨었다.

"그러게 **경거망동**(輕擧妄動)하면 안 된다고 했잖아요. 계획을 세운 다음 신중하게 움직여야지, 정말 큰일 날 뻔했어요."

수아가 한숨을 쉬면서 말했다.

"이리 될 줄 알았나, 뭐."

천년손이가 머리를 긁적였다. 펑, 하는 소리와 함께 천년손이는 다시 원래 몸으로 돌아왔다.

"오라버니, 뺑덕어멈은 방에 있어요. 드르렁 소리가 요란한 걸 보니, 깊이 잠이 든 모양이에요. 이 틈에 어서 빠져나가요."

수아가 귀를 쫑긋거리면서 주변을 확인하고는 천년손이에

게 손짓을 했다. 두 사람은 허름한 창고를 몰래 빠져나왔다.

"아이고, 청아, 청아. 어디로 갔느냐. 내 딸 청아……."

발꿈치를 들고 마당을 살금살금 걸어가는데, 방에서 끙끙 앓는 소리가 들려왔다.

"맞다. 심청이 아가씨는 어떻게 됐어?"

"자래가 따라갔어요. 용은 여의주하고 백 걸음 이상 떨어지면 안 된다면서 바로 쫓아갔답니다. 지금쯤 심청이 아가씨랑 함께 바다에 나갔을걸요."

"아참, 그랬구나. 심청이 아가씨가 자래의 여의주를 가지고 갔지. 그럼 이제 우린 어떻게 하지?"

"오라버니, 아까 뺑덕어멈의 글자들은 찾았어요?"

수아의 물음에 천년손이가 걸음을 멈췄다.

"그게 이상해. 내가 갔을 땐 이미 사라지고 없었어."

"사라져요?"

"응. 분명히 어제까지만 해도 뺑덕어멈 코에 달랑거리면서 붙어 있었잖아. 근데 아까 **배은망덕**(背恩忘德)이라고 외치면서 보니까, 글자들이 없었어."

"정말이요? 그럼 배은망덕을 못 찾아왔단 말이에요?"

천년손이가 어깨를 축 늘어뜨리며 고개를 끄덕였다.

"이를 어쩌지요. 설마 검은 매화단이 우리보다 먼저 손을 쓴 걸까요."

"모르겠어. 검은 매화단도 변신술을 잘하니까, 이번엔 또 누구로 변신했을지 알 수 없지."

천년손이는 검은 매화단의 단주가 스님으로 변신했다가 다시 상단의 단주로 변신했다가 하면서 **자유자재**(自由自在)로 모습을 바꾸고 있다는 사실을 새삼 떠올렸다.

"혹시 내가 글자를 모은 뒤 변신술을 잘하게 된 것처럼 검은 매화단 단주도 변신술을 잘하게 된 건 아닐까."

"아아, 그럴 수도 있겠네요. 오라버니도 갑자기 변신술을 잘하게 됐잖아요. 깨달음의 두루마리가 어떤 힘을 부리는지는 우리도 잘 모르니, 더 연구해 봐야겠어요. 그리고 오라버니, 저기……."

수아가 손으로 마당 한구석을 가리켰다. 어지럽게 흩어진 쌀알들이 달빛을 받아 하얗게 반짝거렸다. 마당을 꽉 메우고 있던 쌀가마니들은 어디로 갔는지 흔적도 없었다.

"아까 저기 쌀이 잔뜩 쌓여 있었는데?"

"오라버니가 기절한 사이에 벌써 다 가져갔어요."

"누가 가져가?"

"누구긴요. 스님으로 변신한 검은 매화단 단주죠."

"그럼 검은 매화단이 심청이 아가씨도 데려가고, 뺑덕어멈의 글자도 가져가고, 심청이 아가씨가 남기고 간 공양미 삼백 석까지 모두 가져갔단 말이야? 그럼 심봉사 아저씨는 어떻게 해."

"그뿐 아니에요. 검은 매화단은 우리보다 빨리 글자를 모으고 있어요. **설상가상(雪上加霜)**이란 말이 이보다 잘 맞을 수가 없네요. 자래가 어디 있는지도 모르니, 이거야말로 **엎친 데 덮친 격**이에요."

한참을 암울한 생각에 잠겨 있던 천년손이가 아, 하고 탄성을 질렀다.

"맞다, 우리한텐 선경이 있잖아!"

천년손이가 의술 선생한테서 받은 선경을 꺼냈다.

"어머, 그러네요. 선경이 있었어요! 이걸로 자래를 부를 수 있겠네요."

천년손이와 수아는 정신을 집중해서 선경을 문질렀다. 잠시 뒤, 거울 표면이 일렁거리는 물결처럼 바뀌더니 자래의 얼굴이 떠올랐다.

"와, 자래잖아! 자래야, 자래야!"

"어, 네가 부른 거였어? 선경이 웅웅거리면서 울리기에 무슨 일인가 해서 꺼내 봤어. 그랬더니……."

"알아. 스승님이 선경으로 서로 연락할 수 있다고 하셨잖아. 우리가 이렇게 서로 떨어질 줄 알고 하신 말씀일까."

"그러니까 말이야. 스승님은 **선견지명(先見之明)**이 있으셔. **앞으로 일어날 일을 어찌 그리 잘 아실까.**"

"그런데 지금 그게 문제가 아니야. 자래 넌 괜찮은 거야?"

"응. 여긴 바다잖아. 난 괜찮아. 바다에서라면 난 안전해."

자래가 웃으면서 손을 흔들어 보였다.

"하아, 정말 다행이다."

하긴 자래가 누군가, 서해 용왕의 아들이다. 걱정할 건 지금 바다에 있는 자래가 아니라 천년손이와 수아였다.

"난 심청이 아가씨를 따라서 배에 올랐어. 너희들은 이제 어떻게 할 거야?"

"우린 검은 매화단이 가져간 쌀도 되찾아야 하고, 심청이 아가씨를 구해서 다시 데려와야 하고, 할 일이 많아. 근데 우린 배에 못 타서 어쩌지?"

수아가 빠른 소리로 말했다. 천년손이는 한참을 곰곰이 생각에 잠겼다가 손가락을 딱, 소리가 나게 튕겼다.

"그럼 이렇게 하면 어떨까?"

"뭐 좋은 수라도 있어요?"

"자, 잘 들어 봐. 자래는 배에 있고, 우린 이곳에 있으니까, 이러쿵저러쿵해서……, 이렇게 하자."

천년손이는 수아와 자래에게 한참을 설명했다. 이야기를 듣던 수아와 자래의 얼굴이 점점 밝아졌다.

"그래. 그렇게 하면 다 해결되겠다. 뺑덕어멈도 혼내 주고."

"맞아요. 심청이 아가씨도 구하고, 글자도 되찾고, 심봉사는 다시 심청이 아가씨를 만날 수 있어요. 이거야말로 **일거양득**(一擧兩得)이에요. 오라버니."

"일거양득은 또 뭐냐."

"**일석이조**(一石二鳥)랑 같은 말이에요. **한 번에 여러 가지 일을 동시에 처리할 수 있단 뜻이죠.**"

"그래. 일석이조든 일거양득이든 한번 해 보자."

천년손이 삼인방은 천년손이가 내놓은 계획에 고개를 마구 끄덕였다.

 15 끌려간 심청이의 행방을 찾아라!
오리무중(五里霧中)

겨울 바다에선 살을 에듯 차가운 바람이 불어왔다.

"누구요? 여기서부턴 갈 수 없소."

부두를 지키던 관군들이 천년손이와 수아를 창으로 가로막았다. 날이 하도 추워서 관군들 수염 끝에 작은 고드름이 달려 있었다.

"허허허, 제 딸아이가 중국 상단을 보고 싶다고 하도 졸라 대서 나왔는데, 상단은 이미 떠났습죠?"

나이 많은 아저씨로 변신한 천년손이가 허허 웃으며 말을 걸었다.

"진즉 출발했소. 지금쯤 서해 어디쯤을 지나고 있을 게요. 날도 추운데, 어서들 돌아가시오."

관군들은 무뚝뚝한 말투로 대답했다.

"어느 방향으로 갔습니까? 중국 상단 말입니다."

"그걸 왜 묻는 게요? 요즘 바다 괴물이 나타나 상인들을 괴롭힌단 소식에 안 그래도 흉흉한데……."

관군들이 수상하다는 듯 창을 바짝 겨눴다.

"그게, 아, 그저 궁금해서 그렇습니다."

천년손이가 얼른 둘러댔지만, 오히려 의심만 더 살 뿐이었다.

"그러고 보니 이 동네에서 처음 보는 얼굴이잖아? 어디 사는 뉘시오."

"그건, 음, 제가 어디 사냐면……."

천년손이가 당황해서 말끝을 흐렸다.

"수상한데? 누구인지 밝힐 수 없다면 우리와 함께 관아에 가야겠소."

관군들이 수군거리더니 천년손이의 양팔을 붙들었다.

"그럼 부두에서 연이라도 날리면 안 될까요. 아이가 연을 너무나 날리고 싶어 하는데요."

수아는 그 말에 맞장구라도 치듯 눈을 동그랗게 뜨고 관군들을 쳐다보았다. 순간 어디선가 그윽하고 진한 꽃향기가 풍겨왔다. 수아는 눈을 꼭 감았다가 떴다.

"방패연이구나. 하긴 방패연이 다른 연보다 힘이 좋지."

꽃향기를 맡은 관군이 갑자기 앞뒤가 맞지 않는 소리를 중얼거렸다.

"감기 걸릴라. 조금만 놀고 들어가거라."

관군들은 뭐에 홀리기라도 한 듯 몸을 돌려 어디론가 가 버렸다. 부두는 텅텅 비어 천년손이와 수아만 남았다.

"휴우, 다행이다. 난 이번에는 인간들한테 잡혀가는 줄 알았어. 어떻게 한 거야, 수아야?"

천년손이가 가슴을 쓸어내리며 물었다.

"오라버니, 잊으셨어요? 구미호는 인간 남자를 잠시 홀릴 수 있어요, 호호. 저 관군들은 모두 남자잖아요."

관군들이 갑자기 몸을 돌려서 가 버린 것도 그래서였다.

"하하. 그렇구나. 네가 구미호여서 참 다행이다."

비록 아직 어려서 꼬리가 하나뿐이지만, 수아는 확실히 구미호였다. 지금이야 신선 후보생 자격으로 열심히 수행 중이지만, 수아가 처음부터 닥락궁에 살던 건 아니었다.

천년손이가 인간 세상으로 현장 체험학습을 갔을 때, 사람들 손에 죽을 뻔한 수아를 우연히 구해 주었다. **구사일생(九死一生)으로 어렵게 살아남았으나** 다른 구미호족은 인간들 손에 모두 죽은 뒤였다. 홀로 남은 수아는 **가족도 없이 오갈 데 없는 사고무친(四顧無親)**의 처지가 되고 말았다. 상선 사부들은 그런 수아를 딱하게 여겨 닥락궁에서 공부할 수 있도록 허락했다. 신선인 천년손이와 구미호인 수아가 가족이 된 이유다.

천년손이와 수아는 부두의 끝으로 가서 사람들이 보이지 않는 곳을 찾았다.

"이쯤이면 되겠습니다. 오라버니."

천년손이는 펑, 하는 소리와 함께 방패연으로 변신했다. 방패연이 된 천년손이가 힘차게 하늘로 날아올랐다.

"지금이야, 수아야!"

수아는 새끼 고양이로 변신해서 기다란 방패연 꼬리에 대롱대롱 매달렸다. 새끼 고양이가 된 수아를 매달고 천년손이는 바다를 향해 날아갔다.

"오라버니, 저쪽이에요. 저쪽에서 검은 매화 향기가 납니다."

수아가 세차게 불어오는 바닷바람 속에서도 검은 매화 향기를 찾아 길을 안내했다. 천년손이는 몸을 활짝 펼쳐 바람을 타고 날았다. 짭조름한 바다 냄새가 코끝에 맴돌았다.

얼마나 갔을까. 앞을 분간할 수 없는 짙은 안개가 나타났다. 위로는 먹구름이 두껍게 뭉쳐 있고, 수면 위로는 뿌연 안개가 짙게 끼어 있었다.

"수아야, 어디로 가지?"

천년손이가 바람에 펄럭거리면서 물었다.

"안개 속으로 들어가요. 오라버니. 안개 너머에서 검은 매화 향기가 나요."

수아의 말대로 안개 속에 들어갔지만, 앞이 보이질 않았다.

"와, 앞이 하나도 안 보여. 이게 웬 안개지."

천년손이가 중얼거렸다.

"**오리무중(五里霧中)**이 따로 없네요."

바다를 뒤덮은 하얀 안개를 뚫고 검은 매화 향기를 찾기 위해 수아는 코를 이리저리 킁킁거렸다.

"아, 5리무중이라면 5리가 안개에 덮였다, 이런 뜻이지?"

천년손이가 자신 있게 말했다.

"반은 맞고 반은 틀렸어요. 겉으로 보기엔 짙은 안개가 5리에 걸쳐 있단 말이지만, 사실은 **앞일을 예측할 수 없단 뜻**으로 쓰는 사자성어죠."

수아가 갸르릉 하고 새끼 고양이 소리를 내면서 말했다.

"어, 저기다!"

어른거리는 불빛이 보였다. 중국 상단, 아니 검은 매화단이 탄 배였다.

"저기에 자래도 있고, 심청이 아가씨도 있을 거야."

천년손이가 검은 매화단의 배를 향해 방향을 틀었다.

"오라버니, 저기 좀 보세요."

수아가 뱃머리를 가리켰다. 검은 먹구름이 배 앞머리로 몰려들어 돌풍을 일으키며 우르릉 쾅쾅, 번개를 때려 대기 시작했다. 거센 물살이 일면서 배가 왼쪽으로 쏠렸다가 오른쪽으로 쏠리는 바람에 배에 탄 사람들도 **우왕좌왕(右往左往) 어쩔 줄 몰라했다**. 배 한가운데에서 푸르스름하게 빛나는 구슬 하나가 눈에 들어왔다.

"저기 봐. 자래의 여의주야."

천년손이가 소리쳤다. 천년손이는 배를 향해 곧장 날아갔다.

"오라버니, 저기 심청이 아가씨가 있어요."

뱃머리에는 심청이가 밧줄에 묶여 있었다. 옆에는 상단의 단주로 변신한 검은 매화단의 단주가 서 있었다.

16　작은 욕심으로 일을 그르친 검은 매화단
소탐대실(小貪大失)

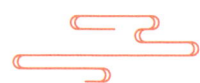

"심청이의 몸에 있다는 글자들은 찾았는가?"

검은 매화단의 단주는 옆에 서 있는 뱃사람에게 속삭였다. 뱃사람은 다른 이들에 비해 유난히 키가 작고 배만 툭 튀어나와 있었다. 뱃사람은 심청이를 살살이 훑어보는 척하더니, 낮은 소리로 대답했다.

"아니요. 안 보입니다."

"확실해?"

"네. 확실합니다."

"글자가 없다면 쓸모없단 얘기군. 심청이를 빨리 처리하고 다음 장소로 이동해야겠다. 얼음 동굴에서 만났던 신선 후보생들이 인간계로 나와서 돌아다닌다는 소식이 들어왔어."

"아, 그렇습니까. 저는 심청이를 빨리 처리하겠습니다."

키 작은 뱃사람이 통통한 배를 두드리며 돌아서는데, 검은 매화단의 단주가 문득 생각났다는 듯 물었다.

"그런데……."

"네, 단주님."

키 작은 뱃사람이 몸을 천천히 돌렸다. 검은 매화단의 단주가 뱃사람의 얼굴을 뚫어져라 쳐다보았다.

"너는 처음 보는 얼굴인데?"

"아, 그게……. 제가 인간계에서만 오래 있다 보니, 단주님을 이렇게 가까이에서 뵙는 것은 처음이라……."

키 작은 뱃사람은 얼굴이 굳어진 채 말을 얼버무렸다.

"아아, 그렇군. 다들 나를 처음 보면 그런 얼떨떨한 표정을 짓는다. 다 내가 너무나 위대하고 멋지기 때문이지. 나도 네가 날 얼마나 존경하는지 잘 알고 있다."

뻔한 아부에도 **기세가 등등한 것**이, 단주는 **기고만장**(氣高萬丈)해 있었다.

"그럼, 그럼요. 단주님께서는 삼계에서 가장 멋진 분입니다. 잘났다고 으스대는 선계의 신선 나부랭이들과는 비교도 할 수 없지요."

키 작은 뱃사람은 얼렁뚱땅 맞장구쳤다.

"역시 옳은 말만 하는 걸로 보아 우리 검은 매화단답군. 우리 검은 매화단의 제일 원칙이 무엇이냐."

"아, 그게……. 훌륭하고 위대하신 단주님 앞에 서니, 무슨 말을 해야 할지 또 기억이 나지 않습니다."

"아하하하하. 넌 뼛속까지 검은 매화단이구나. 우리 검은 매화단의 첫째 원칙은 바로 나 검은 매화단 단주가 듣기 좋은 말만 하는 것이다. 내가 보기에 너는 그 원칙을 아주 잘 지키는 단원이다. 하하하."

검은 매화단 단주가 껄껄 소리 내어 웃었다.

"인간계에 오래 있었다고 하니, 넌 뺑덕어멈에 대해서도 잘 알겠구나."

"뺑덕어멈이요?"

"얼마 전에 우리 검은 매화단에 들어오고 싶다고 애원한 요괴 말이다."

"아아, 압니다. 얼마 전에 그런 이야기를 했지요. 별 이름도 없는 요괴 녀석 하나가 검은 매화단에 들어오고 싶어 한다고 말입니다. 그게 다 요괴들도 단주님을 존경하기 때문 아니겠습니까."

키 작은 뱃사람이 얼떨떨한 눈으로 대답했다.

"그래, 그래. 너도 알겠지만, 뺑덕어멈은 본래 인간들 사이에 숨어 사는 잡귀다. 재물을 좋아하고 탐욕스럽기가 으뜸이지. 돈만 주면 무엇이든 하는 심술귀야."

"아, 네, 저도 들은 적이 있습니다. 인간들 괴롭히는 걸 좋아하는 아주 심술궂고 못된 요괴라고요."

키 작은 뱃사람도 맞장구쳤다.

"그래. 심술귀는 인간이 사는 곳이라면 어디서든 산다. 이번에 마을에서 만난 녀석은 코에 **배은망덕**(背恩忘德)이라는 글자가 붙어 있었지. 그 심술귀 녀석이 어느 날 갑자기 황금 글자들이 자기 코에 달라붙었다면서 글자들을 검은 매화단에 바치는 조건으로 쌀 삼백 석을 달라더군. 쌀 삼백 석을 주면 다른 글자가 붙어 있는 심청이를 바치겠다면서 말이야.

녀석은 뻔뻔하게도 이 일이 잘되면 검은 매화단에 들어오게 해달라고 했다."

"아, 그럼 이 모든 게 뺑덕어멈의 계략이었습니까."

"그렇다. 뺑덕어멈, 아니, 심술귀의 계략이었지. 그 녀석 때문에 내가 스님 시늉까지 해 가면서 심봉사를 속이고 심청이를 데려온 것 아니냐. 그런데 심청이한테 글자가 없다니, 이 무슨 어처구니없는 일이냔 말이다. 쯧."

검은 매화단 단주의 얼굴에 못마땅한 기색이 가득했다.

"그렇다면 그 심술귀를 단주님께서 아주 단단히 혼내 주셔야겠습니다. 아무래도 심술귀 녀석이 쌀을 탐내 단주님을 속인 게 틀림없습니다."

키 작은 뱃사람이 씨익 웃으면서 말했다.

"그렇다. 그 못된 심술귀 녀석을 내가 단단히 혼쭐을 내 줘야겠다. 그 녀석은 이번에 **소탐대실(小貪大失)**한 것이다. 그 깟 쌀 삼백 석 때문에 우리 검은 매화단에 공을 쌓을 기회를

잃었으니 말이다."

"맞습니다. **작은 것을 얻느라 큰 것을 놓치는** 그런 어리석은 요괴는 우리 검은 매화단과 함께할 수 없습니다. 특히나 훌륭하신 단주님과는 어울리지 않는 요괴입니다. 그런 심술궂는 검은 매화단 근처에도 얼씬거리지 않아야 합니다."

"으음, 그렇지, 그래."

검은 매화단 단주는 매우 기분 좋다는 듯 부드럽게 웃었다.

"아참, 단주님, 심청이는 지금 바다에 던질까요?"

"그래. 빨리 처리하고 다음 장소로 이동하자. 두루마리가 이동할 곳으로 안내할 것이다."

키 작고 통통한 뱃사람은 단주의 명령대로 심청이에게 다가갔다.

"이곳 인당수는 바다가 사납고 물살이 거세다. 너를 던져 이 세찬 물살을 잠재울 것이다."

키 작은 뱃사람이 하는 말에 심청이의 눈이 휘둥그레졌다. 비바람이 부는 속에서도 무슨 조화인지 심청이의 몸에는 물 한 방울 묻어 있지 않았다.

"저를 바다에……, 던지겠단 말씀이신가요."

"그렇다."

"아아, 저희 아버지는 제가 돌아오기만을 기다리실 텐데요. 호흐흑, 아버지, 저는 이제 아버지 곁으로 못 돌아갈지도 모르겠습니다. 호흐흑……."

심청이는 배에 탄 상단 사람들을 한참을 쳐다보았다.

"지금 제가 바다에 빠지면 저 사람들은 모두 무사해지는 것입니까……."

"그렇다."

"저 하나만 희생하면 저들 모두가 살고, 아버지도 눈을 뜨실 수 있겠네요……. 호흑흑……."

심청이의 울음소리를 들은 검은 매화단 단주가 눈살을 찌푸렸다.

"저 귀찮은 여자아이를 처리하지 않고 무엇 하느냐."

"네. 단주님."

"……아버지, 꼭 눈을 뜨셔야 합니다……. 여러분도 모두 꼭 사셔야 해요."

심청이는 눈을 꼭 감고 바다로 몸을 던졌다. 그 순간, 어찌 된 일인지 키 작은 뱃사람이 심청이의 소매를 붙들었다. 키 작은 뱃사람도 얼떨결에 함께 바다로 떨어져 내렸다.

"안 돼!"

검은 매화단 단주가 재빨리 뱃사람을 붙들려 했지만, 한발 늦었다. 세찬 파도가 심청이와 키 작은 뱃사람을 순식간에 집어삼켰다.

"쯧쯧쯧, 참으로 훌륭한 단원이었는데, 아깝게 됐군."

바다를 내려다보며 혀를 끌끌 찬 검은 매화단 단주는 뱃사 람들이 멍하니 서 있는 걸 보고 중얼거렸다.

"인간들의 기억을 모두 지워야겠어."

검은 매화단 단주가 소매에서 하얀 호리병을 꺼내 바닥에 데구루루 굴렸다. 호리병에선 하얀 연기가 흘러나오더니, 멍 하니 서 있는 선원들의 머리로 스며들었다. 그 광경을 지켜 보던 검은 매화단 단주는 펑, 하는 소리와 함께 홀연히 사라 졌다. 바다는 언제 그랬냐는 듯 먹구름이 가시면서 안개가

걷혔다.

"와, 바다가 잠잠해졌다!"

홀린 듯 멍하니 서 있던 선원들이 갑자기 정신이 든 듯 소리를 지르며 기뻐했다. 선원들은 왜 갑자기 바다가 잠잠해졌는지, 상단의 단주는 어디로 사라진 것인지 알 수 없었다. 더 정확하게는 심청이란 여자아이가 배에 타긴 했는지조차 제대로 기억하는 사람이 없었다.

17 목숨을 내놓은 희생
살신성인(殺身成仁)

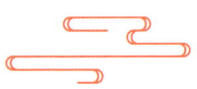

"아가씨, 아가씨!"

누군가 심청이를 부르고 있었다. 심청이는 눈을 살며시 떠 보았다. 눈 닿는 곳마다 눈물방울처럼 작은 진주부터 어른 주먹만 한 커다란 진주까지 **각양각색(各樣各色) 다양한 모양과 색**의 진주들이 주변을 하얗게 밝히고 있었다. 입고 있던 낡은 옷은 어느새 고급스러운 비단옷으로 갈아입혀져 있었고, 신발도 따뜻한 가죽신이었다. 끈까지 떨어진 낡은 짚신은 온데간데없었다.

"어머, 이게 웬일이야?"

심청이는 놀라서 벌떡 일어났다. 머리끝부터 발끝까지 **반짝거리면서 휘황찬란**(輝煌燦爛)하게 **빛나는** 비단옷에 심청이의 눈이 휘둥그레졌다. 어릴 때부터 가난하게 자란 심청이는 꿈도 꿔 보지 못한 일이었다.

"아가씨, 일어나셨습니까."

용궁에 사는 용궁족이 공손하게 고개 숙여 인사했다. 머리는 물고기에 사람 몸을 하고 있었지만, 정중하고 예의 바른 태도가 배어 있어 오히려 인간들보다 더 친숙하게 느껴졌다.

"어머, 이곳은 어디입니까."

심청이가 놀라서 물었다.

"서해 용궁입니다."

은빛으로 반짝이는 옷을 입은 갈치 머리 시녀가 대답했다.

"용궁이라고요? 여기가 진짜 용궁이란 말이에요?"

"네. 아가씨는 우리 자래 왕자님의 손님으로 이곳 용궁에 오신 것입니다. 호호호. 왕자님과 다른 분들은 밖에서 기다리고 계십니다."

갈치 머리 시녀는 부드럽게 웃으면서 심청이를 안내했다. 심청이는 얼떨떨한 모습으로 시녀를 따라나섰다.

밖으로 나가니 넘실거리는 짙푸른 바다가 심청이의 눈앞에 펼쳐졌다. 높다랗고 투명한 벽이라도 세워진 것처럼 바닷물은 안으로 들어오지 못하고 출렁거릴 뿐이었다.

시녀가 안내해준 곳에 여우 귀를 한 여자아이와 눈이 맑고 총명하게 생긴 남자아이, 그리고 키가 작고 배가 통통한 뱃사람 셋이 모여서 웃고 있었다. 옆에는 하얀 머리카락이 치렁치렁하니 물결에 부드럽게 휘날리는 잘생긴 아저씨와 아름다운 부인이 서 있었다.

"일어나셨습니까. 심청이 아가씨."

키 작고 통통한 배를 두드리던 뱃사람이 밝게 웃었다.

"어, 아까 저를 바다로 밀었던 분이잖아요?"

심청이가 놀라서 흠칫 몸을 떨었다.

"아가씨를 용궁으로 안전하게 모시고 오려면 그 수밖에 없었어요. 호호호."

여우 귀를 쫑긋거리면서 수아가 까르르 웃었다. 키 작고 배가 통통했던 뱃사람이 몸을 부르르 떨자, 본래의 모습으로 돌아왔다. 목덜미부터 손등까지 검푸른 비늘이 돋아 있는 자래였다.

"이쪽은 저희 부모님이십니다."

자래가 손으로 가리켰다.

"아가씨는 우리 용궁에 온 첫 번째 인간입니다. 잘 오셨어요. 반갑습니다."

백발의 용왕이 부드럽게 웃었다.

"인간은 모두 잔인한 줄 알았는데, 아가씨처럼 선한 마음을 가진 사람도 있군요. 인간 세상에 아직 희망이 남아 있는 것 같습니다."

아름다운 왕비는 뜻 모를 말을 중얼거렸다.

"용궁으로 모셔 오는 방법이 이것밖에 없어서 어쩔 수 없었습니다."

자래의 말에 심청이는 어안이 벙벙해졌다.

"그럼 아까 저더러 바다에 몸을 던지라고 한 것도 일부러 한 말이었나요?"

"그렇습니다. 아가씨를 안전하게 모셔 올 유일한 방법이었어요. **급하게 생각해 낸 계획**으로 **고육지책**(苦肉之策)에 불과했지만, 다행히 이렇게 용궁까지 안전하게 모셔 왔습니다. 안 그랬으면 어떤 일이 벌어졌을지 몰라요."

천년손이가 웃으면서 설명을 덧붙였다.

"세상에, 그런 것도 모르고 전 죽는 줄 알았어요. 다신 아버지를 못 보는 줄 알고 마음이 너무 괴로웠답니다."

심청이의 눈에 금세 눈물이 가득 고였다.

"아가씨는 죽을 수 있단 걸 알면서도 바다에 몸을 던지신 것이지요?"

"네. 아버지 눈을 뜨게 하고, 뱃사람들을 살리는 방법이 그것뿐이라고 생각했어요."

심청이가 부드럽지만 단호한 소리로 대답했다. 심청이의 말이 끝나자, 황금색 글자가 몸 이곳저곳에서 드러났다.

"와, 글자가 나타났어! 이제 제대로 보여."

찾으려고 할 때는 꼭꼭 숨어 안 보이던 글자들이 뜻과 상황이 맞아떨어지자 자연스럽게 나타난 것이다.

"아가씨, 남을 위해 희생하는 마음을 네 글자로 무엇이라고

하는지 혹시 아시는지요."

용왕이 인자한 목소리로 물었다.

"으음, ……아마도 **살신성인(殺身成仁)**이 아닙니까?"

"맞습니다. 살신성인입니다."

자래와 수아, 천년손이의 얼굴에 기쁜 기색이 역력했다.

"**살신성인은 나를 죽이고 남을 살리는 희생**을 말합니다. 인간이 할 수 있는 가장 아름다운 희생을 일컫는 말이지요."

자래가 용왕과 왕비를 바라보며 말했다.

"맞아. 우리 닥락궁 도술학교에도 그런 분들이 계셨지."

천년손이는 의술 선생을 떠올렸다. 아마도 의술 선생은 홀로 닥락궁의 신선 후보생과 신선 사부들을 치료하느라 몹시도 바쁠 것이다. 깨달음의 두루마리를 만들어 닥락궁을 지키려 했던 상선들도 의술 선생과 같은 마음이었을 테고 말이다.

"네? 닥락궁 도술학교요?"

심청이의 눈이 천년손이의 말에 다시 한번 휘둥그레졌다.

"아하하, 그건 모르셔도 됩니다."

천년손이가 깨달음의 두루마리를 펼쳐 들었다. 두루마리로

심청이의 몸에 붙어 있던 황금색 글자가 조르륵 빨려 들어갔다. 두루마리가 황금빛으로 반짝반짝 빛이 나는가 싶더니, 금세 잠잠해졌다. 두루마리에선 전보다 더 크고 웅장한 기운이 느껴졌다.

"아가씨 주머니에 든 여의주는 자래의 것입니다. 이제 돌려주시지요."

용왕이 손가락을 가볍게 튕기자, 심청이의 소매에 들어 있던 작고 파란 구슬이 팽, 소리를 내면서 자래에게 날아갔다. 심청이가 매서운 겨울바람 속에서도 춥지 않고, 비바람을 맞아도 물 한 방울 젖지 않았던 것도 다 여의주 덕분이었다.

"자래가 준 여의주를 갖고 용궁으로 온 인간은 아가씨가 처음입니다. 우리 자래가 그만큼 믿었다는 뜻이겠지요. 인간들은 바다에 사는 우리 용궁족 물고기들을 마구 잡아가고, 아무렇게나 쓰레기를 버립니다. 지금까지 바다를 더럽히고, 우리 용궁족을 괴롭히는 못된 인간만 보았는데, 이리 마음이 넓고 따뜻한 분이 인간계에 있었다니, 저희도 놀랐습니다."

용왕이 차분한 목소리로 말했다.

"아가씨, 잘 들으십시오. 용궁에 처음 온 사람이 용궁족이 낸 수수께끼를 맞히면 소원을 하나 들어 드린답니다. 심청이 아가씨께서는 방금 용왕께서 낸 수수께끼를 맞히셨으니, 원하는 소원을 뭐든 하나만 말씀해 보세요."

왕비가 부드러운 목소리로 말했다.

"제가 수수께끼를 맞혔다고요?"

"네. 아까 살신성인을 맞히지 않으셨습니까."

자래의 말에 천년손이와 수아도 고개를 마구 끄덕였다.

"맞아요. 아까 살신성인이란 어려운 말을 맞히셨지요."

"아, 그랬던가요."

"그럼요. 그랬다니까요."

심청이는 뭐가 뭔지 모른 채 얼떨떨한 눈으로 용왕과 왕비, 그리고 자래 왕자를 둘러보았다.

"뭐든 말씀해 보세요. 심청이 아가씨가 정말로 원하는 그 소원을요."

천년손이가 심청이에게 힘주어 말했다.

"으음, 제 소원은……."

 주인공의 화려한 귀환
금의환향(錦衣還鄉)

"그 소식 들었어?"

하얀 복숭아 꽃잎이 어디선가 바람을 타고 날아와 흩날렸다. 빨래터에서 빨랫방망이를 휘두르는 아낙네들의 어깨 위로 새하얀 꽃잎들이 아무렇게나 내려앉았다.

"새 왕비님이 글쎄, 바다에서 이따만 한 연꽃을 타고 왔다잖아."

빨랫방망이를 든 손이 허공에 커다란 원을 그렸다.

"정말? 연꽃을 타고 나타나셨다고?"

"그래. 그것도 연꽃에 온갖 **금은보화**(金銀寶貨)를 가득 담아서 말이야. 가난하고 힘없는 백성들에게 그 **많은 보물**을 아낌없이 나눠 주셨대."

"아이고, 마음도 아름다우시네."

"그래. 게다가 전국의 모든 봉사를 불러다가 잔치를 열어 줬다잖아."

"봉사들을? 왜?"

"우리 새 왕비마마 아버지가 옛날엔 봉사였대."

"어, 그래? 옛날에 봉사였다면, 지금은 아니란 뜻이야?"

"그래, 맞아. 봉사들 잔치에서 우연히 눈먼 아버지를 다시 만났는데, 그 아버지가 너무 놀라서 눈을 번쩍 떴다지 뭐야."

"눈을 번쩍?"

아낙들이 까르르 웃어 댔다.

"그래, 번쩍. 그런데 그때부터 정말로 앞이 보였다나 봐?"

"세상에, 세상에! 그런 일이 다 있네."

아낙들이 호들갑을 떨며 빨랫방망이를 부지런히 두드려 댔다.

"우리 마음 착한 왕비마마의 소원이 앞 못 보는 아버지를 다시 만나 눈을 뜨게 해 드리는 일이었다잖아."

"그럼 소원이 이뤄진 거네? 왕비마마의 마음씨가 착해서 **하늘과 신령이 도우셨어.** 정말로 **천우신조(天佑神助)**야."

"그렇다니까. 그 아버지도 평생을 앞 못 보고 살다가 왕비의 아버지가 돼서 고향으로 돌아갔다니, 그만한 복도 없지 뭐야."

"**금의환향(錦衣還鄕)**한 거네?"

"그렇지. **비단옷을 입고 고향으로 돌아갔으니**, 금의환향이지. 아아, 얼마나 좋아. 임금님이 그런 왕비님을 맞으셨으니, 우리도 참 복도 많지."

"그러니까 말이야. 나라 안이 금의환향한 심봉사와 마음씨 착한 새 왕비마마 이야기로 한동안 떠들썩하겠네. 호호호."

아낙네들이 소리를 내며 웃는 소리가 개울가 너머까지 울려 퍼졌다. 아낙들이 떠나고 난 자리엔 하얀 꽃잎들만 남아 있었다.

꽃잎 한 장이 허공으로 두둥실 떠오르더니, 부르르 몸을 떨었다. 순간, 펑 하는 소리와 함께 천년손이가 나타났다. 연이어 꽃잎 두 장이 허공으로 두둥실 떠오르더니, 펑, 펑, 하는 소리를 내며 각각 자래와 수아로 변신했다.

"뭐야, 이제 꽃잎으로 변신하는 게 어렵지 않잖아?"

자래가 어깨를 으쓱하면서 웃었다.

"이제 우리도 변신술이 **자유자재(自由自在)**로 되네요, 오라버니."

수아가 호호, 소리를 내며 웃었다.

"심청이 아가씨는 무사히 돌아왔고, 심봉사 아저씨도 눈을 떴으니 이제 다 끝난 건가?"

천년손이가 웃으며 물었다.

"우린 이제 닥락궁으로 돌아가는 걸까?"

"그러게. 우린 이제 어떻게 되는 거지?"

"아직 모아야 할 글자가 많을 거 같은데요."

깨달음의 두루마리는 아직 빈칸이 많았다.

"두루마리가 우릴 인도해 주겠지?"

"아마도 그렇겠지요. 그래도 전보다 기운이 더 세지고 있어요. 이게 다 심청이 아가씨 덕분이지요."

천년손이와 수아, 자래가 머리를 맞대고 두루마리를 내려다보는데, 어디선가 두런두런 이야기 나누는 소리가 들려왔다.

"임금님, 새로운 두건을 준비했습니다."
"이 두건이면 기다래진 내 귀를 가릴 수 있단 말이오?"
"네, 그렇습니다. 임금님. 이 두건을 쓰면 임금님의 귀가 길어졌다는 것을 누구도 눈치채지 못할 겁니다. 하하하."

 천년손이와 자래, 수아가 서로 마주 보았다. 깨달음의 두루마리에서 휘이이 하는 소리가 들리는가 싶더니, 다음 순간 천년손이 삼인방이 두루마리로 빨려 들어가고 말았다.

안녕, 신선 후보생들!
사자성어는 많이 모았겠지?

천년손이 삼인방은
심청이 아가씨를 만나서
세상에서 가장 힘센 사자성어 중 하나인
살신성인(殺身成仁)을 찾아낼 수 있었지.
덕분에 이제 변신술을
자유자재(自由自在)로 하게 됐고 말이야.
자래가 아직도 마음속 깊이 심청이 아가씨를
그리워한다는 건 비밀이야. 쉿!

뺑덕어멈은 어떻게 됐냐고?
검은 매화단에 붙잡혀 가서
아주 호되게 당했다더라.

이제 천년손이 삼인방은 어디로 가는 거냐고?
이런, 아직 눈치채지 못했구나.
귀가 기다래졌다는 임금님을 만나러 갔어.
혹시 새로운 심술귀가 나타난 거냐고?
글쎄, 그건 만나 보면 알겠지?

새길 각	뼈 골	어려울 난	잊을 망
刻	骨	難	忘

국어 5학년 2학기
5. 여러 가지 매체 자료

입은 은혜에 대한 고마운 마음이 뼈에까지 사무쳐 잊히지 아니함.

각각 각	모양 양	각각 각	빛 색
各	樣	各	色

국어 3학년 1학기
독서 단원. 책을 읽고 생각을 나누어요

여러 가지가 각기 다 다름.

맺을 결	풀 초	갚을 보	은혜 은
結	草	報	恩

국어 4학년 2학기
4. 이야기 속 세상

5학년 2학기
5. 여러 가지 매체 자료

풀을 묶어 은혜를 갚는다는 뜻으로, 잊지 않고 은혜에 보답함.

가벼울 경	들 거	망령될 망	움직일 동
輕	擧	妄	動

국어 1학년 2학기
4. 바른 자세로 말해요

가볍고 망령되게 행동한다는 뜻으로, 경솔한 행동을 이르는 말.

쓸 고	고기 육	갈 지	꾀 책
苦	肉	之	策

국어 2학년 1학기
7. 친구들에게 알려요

적을 속이는 수단으로 자기 몸을 괴롭히는 책략.

쓸 고	다할 진	달 감	올 래
苦	盡	甘	來

사회 3학년 1학기
2. 우리가 알아보는 고장 이야기

국어 4학년 2학기
1. 이어질 장면을 생각해요

쓴맛이 다하면 단맛이 온다는 뜻으로, 고생 끝에 낙이 온다는 말.

글귀 구	글귀 구	마디 절	마디 절
句	句	節	節

국어 2학년 1학기
9. 생각을 생생하게 나타내요
4학년 2학기
1. 이어질 장면을 생각해요

한 구절 한 구절마다라는 뜻으로 사연이나, 내용이 상세하고 간곡함을 이르는 말.

아홉 구	죽을 사	한 일	날 생
九	死	一	生

사회 3학년 1학기
2. 우리가 알아보는 고장 이야기

국어 4학년 2학기
4. 이야기 속 세상

여러 차례 죽을 고비를 겪고 간신히 목숨을 건짐.

권할 권	착할 선	징계할 징	악할 악	
勸	善	懲	惡	국어 4학년 2학기 3. 바르고 공손하게
착한 행실을 권장하고 악한 행실을 징계함.				

이제 금	때 시	처음 초	들을 문	
今	時	初	聞	국어 2학년 1학기 10. 다른 사람을 생각해요
지금에야 비로소 처음으로 들음.				

쇠 금	은 은	보배 보	재물 화	
金	銀	寶	貨	사회 3학년 1학기 2. 우리가 알아보는 고장 이야기 국어 5학년 1학기 10. 주인공이 되어
금, 은, 옥, 진주 등의 매우 귀중한 물건.				

비단 금	옷 의	돌아올 환	시골 향	
錦	衣	還	鄕	사회 3학년 1학기 3. 교통과 통신수단의 변화 국어 6학년 2학기 2. 관용 표현을 활용해요
비단옷을 입고 고향에 돌아온다는 뜻으로, 출세를 하여 고향에 돌아옴.				

기운 기	높을 고	일만 만	어른 장	
氣	高	萬	丈	국어 2학년 1학기 10. 다른 사람을 생각해요
펄펄 뛸 만큼 기운이 뻗쳤다는 뜻으로, 자만에 차 있음을 이르는 말.				

아득할 망	그럴 연	스스로 자	잃을 실	
茫	然	自	失	국어 6학년 2학기 1. 작품 속 인물과 나

제정신을 잃고 어리둥절한 상태.

없을 무	다할 궁	없을 무	다할 진	
無	窮	無	盡	사회 3학년 1학기 3. 교통과 통신수단의 변화 국어 6학년 2학기 3. 타당한 근거로 글을 써요

끝이 없고 다함이 없음을 형용해 이르는 말.

칠 박	손바닥 장	클 대	웃음 소	
拍	掌	大	笑	국어 1학년 2학기 3. 문장으로 표현해요 5. 알맞은 목소리로 읽어요 사회 4학년 1학기 2. 우리가 알아보는 지역의 역사

손뼉을 치면서 크게 웃음.

넓을 박	배울 학	많을 다	알 식	
博	學	多	識	국어 3학년 1학기 9. 어떤 내용일까 사회 4학년 1학기 2. 우리가 알아보는 지역의 역사

학문이 넓고 식견이 높음.

반 반	믿을 신	반 반	의심할 의	
半	信	半	疑	국어 6학년 2학기 1. 작품 속 인물과 나

반은 믿고 반은 의심함.

등 배	은혜 은	잊을 망	클 덕	
背	恩	忘	德	국어 4학년 2학기 3. 바르고 공손하게

남에게 입은 은혜를 잊고 배반함.

변할 변	될 화	없을 무	두 쌍	
變	化	無	雙	국어 3학년 1학기 9. 어떤 내용일까 사회 4학년 1학기 2. 우리가 알아보는 지역의 역사

더없이 변화가 많고 심하여 견줄 것이 없음.

아닐 부	알 지	그 기	숫자 수	
不	知	其	數	국어 3학년 1학기 9. 어떤 내용일까

그 수를 다 알지 못한다는 뜻으로, 매우 많음을 이르는 말.

가루 분	뼈 골	부술 쇄	몸 신	
粉	骨	碎	身	사회 4학년 1학기 2. 우리가 알아보는 지역의 역사 국어 4학년 1학기 5. 내가 만든 이야기

뼈가 가루가 되고 몸이 부서진다는 뜻으로, 있는 힘을 다해 노력함.

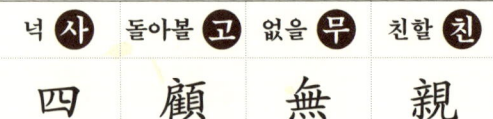

넉 사	돌아볼 고	없을 무	친할 친
四	顧	無	親

국어 3학년 2학기
9. 작품 속 인물이 되어

사방을 둘러봐도 친척이 없다는 뜻으로, 의지할 만한 사람이 없다는 말.

일 사	일 사	물건 건	물건 건
事	事	件	件

국어 3학년 2학기
7. 글을 읽고 소개해요
사회 4학년 1학기
3. 지역의 공공기관과 주민 참여

해당되는 모든 일과 온갖 사건.

죽일 살	몸 신	이룰 성	어질 인
殺	身	成	仁

국어 2학년 1학기
9. 생각을 생생하게 나타내요
3학년 1학기
10. 문학의 향기
사회 4학년 1학기
2. 우리가 알아보는 지역의 역사

자신의 몸을 희생해 옳은 일을 행함.

석 삼	자 척	아이 동	아들 자
三	尺	童	子

국어 3학년 2학기
8. 글의 흐름을 생각해요
사회 4학년 1학기
3. 지역의 공공기관과 주민 참여

키가 석 자밖에 되지 않는 어린아이라는 뜻으로, 철모르는 어린아이.

먼저 선	볼 견	갈 지	밝을 명
先	見	之	明

국어 3학년 2학기
9. 작품 속 인물이 되어

앞을 내다보는 안목이라는 뜻으로, 장래를 미리 예측하는 날카로운 견식.

눈 설	위 상	더할 가	서리 상	**국어** 3학년 2학기
雪	上	加	霜	4. 감동을 나타내요
				사회 4학년 1학기
눈 위에 서리가 내린다는 뜻으로, 어려운 일이 겹침.				2. 우리가 알아보는 지역의 역사

작을 소	탐낼 탐	클 대	잃을 실	**사회** 4학년 1학기
小	貪	大	失	2. 우리가 알아보는 지역의 역사
				국어 4학년 1학기
작은 것을 탐하다가 오히려 큰 것을 잃음.				5. 내가 만든 이야기

거느릴 솔	먼저 선	드리울 수	법 범	**국어** 4학년 1학기
率	先	垂	範	1. 생각과 느낌을 나누어요
				4학년 2학기
				5. 의견이 드러나게 글을 써요
				사회 5학년 1학기
앞장서서 모범을 보이는 행위.				2. 인권 존중과 정의로운 사회

닦을 수	몸 신	가지런할 제	집 가	**사회** 4학년 1학기
修	身	齊	家	2. 우리가 알아보는 지역의 역사
				국어 4학년 2학기
자기의 몸을 닦고 집안을 잘 다스림.				6. 본받고 싶은 인물을 찾아봐요

거듭 신	거듭 신	마땅 당	줄 부	
申	申	當	付	**국어** 3학년 2학기
거듭하여 간곡히 하는 당부.				3. 자신의 경험을 글로 써요

몸 신	흙 토	아닐 불	두 이
身	土	不	二

몸과 땅은 하나라는 뜻으로, 제 땅에서 나온 것이 체질에 맞는다는 말.

국어 3학년 1학기
10. 문학의 향기
　　　　4학년 1학기
4. 일에 대한 의견
사회 5학년 1학기
2. 인권 존중과 정의로운 사회

눈 안	아래 하	없을 무	사람 인
眼	下	無	人

눈 아래에 사람이 없다는 뜻으로, 교만한 이를 이름.

국어 3학년 1학기
2. 알맞은 높임 표현
8. 의견이 있어요

들보 양	윗 상	군자 군	아들 자
梁	上	君	子

대들보 위의 군자, 즉 집에 들어온 도둑을 점잖게 이르는 말.

국어 1학년 2학기
7. 무엇이 중요할까요
　　　　3학년 1학기
10. 문학의 향기
사회 5학년 1학기
2. 인권 존중과 정의로운 사회

두 량(양)	사람 자	가릴 택	한 일
兩	者	擇	一

둘 중 하나를 가려 뽑음.

국어 4학년 1학기
3. 느낌을 살려 말해요
사회 5학년 1학기
2. 인권 존중과 정의로운 사회

바꿀 역	땅 지	생각 사	갈 지	국어 4학년 1학기
易	地	思	之	2. 내용을 간추려요 7. 사전은 내 친구 9. 자랑스러운 한글 4학년 2학기 6. 본받고 싶은 인물을 찾아봐요

서로 처지를 바꾸어 상대의 입장에서 생각해 봄.

인연 연	나무 목	구할 구	물고기 어	국어 1학년 2학기
緣	木	求	魚	7. 무엇이 중요할까요 사회 5학년 1학기 2. 인권 존중과 정의로운 사회

나무에 올라 물고기를 구한다는 뜻으로, 불가능한 일을 이르는 말.

다섯 오	마을 리	안개 무	가운데 중	국어 4학년 1학기
五	里	霧	中	1. 생각과 느낌을 나누어요 사회 6학년 1학기 1. 우리나라의 정치 발전

짙은 안개가 5리나 낀 것처럼 일의 갈피를 잡기 어렵다는 말.

오른쪽 우	갈 왕	왼쪽 좌	갈 왕	
右	往	左	往	국어 4학년 1학기 9. 자랑스러운 한글

오른쪽으로 갔다 왼쪽으로 갔다 하며 가만히 있지 못하는 상태.

위태할 위	험할 험	일천 천	일만 만	국어 4학년 1학기
危	險	千	萬	10. 인물의 마음을 알아봐요 사회 6학년 1학기 1. 우리나라의 정치 발전

몹시 위험하기 짝이 없음.

한 일	들 거	두 량(양)	얻을 득
一	擧	兩	得

국어 1학년 2학기
4. 바른 자세로 말해요

한 가지 일로 두 가지 이익을 얻음.

한 일	돌 석	두 이	새 조
一	石	二	鳥

국어 3학년 2학기
4. 감동을 나타내요
사회 6학년 1학기
2. 우리나라의 경제 발전

돌 하나로 두 마리 새를 떨어뜨리듯, 한 가지 일로 두 가지 이득을 봄.

한 일	닿을 촉	곧 즉	필 발
一	觸	卽	發

국어 3학년 2학기
7. 글을 읽고 소개해요
사회 6학년 1학기
1. 우리나라의 정치 발전

조그만 자극에도 큰일이 벌어질 것 같은 아슬아슬한 상태.

스스로 자	말미암을 유	스스로 자	있을 재
自	由	自	在

국어 4학년 2학기
4. 이야기 속 세상
사회 6학년 1학기
2. 우리나라의 경제 발전

거침없이 자기 마음대로 할 수 있음.

스스로 자	처음 초	이를 지	마칠 종	국어 4학년 2학기
自	初	至	終	7. 독서 감상문을 써요 사회 6학년 1학기 2. 우리나라의 경제 발전

처음부터 끝까지의 과정.

구를 전	재앙 화	할 위	복 복	국어 5학년 2학기
轉	禍	爲	福	5. 여러 가지 매체 자료 사회 6학년 1학기 1. 우리나라의 정치 발전

재앙이 바뀌어 오히려 복이 된다는 뜻.

왼쪽 좌	찌를 충	오른쪽 우	갑자기 돌	국어 3학년 1학기
左	衝	右	突	1. 재미가 톡톡톡 사회 6학년 1학기 2. 우리나라의 경제 발전

이리저리 닥치는 대로 부딪침.

일천 천	일만 만	많을 다	다행 행	국어 3학년 1학기
千	萬	多	幸	1. 재미가 톡톡톡

매우 다행함.

하늘 천	도울 우	신 신	도울 조	국어 5학년 2학기
天	佑	神	助	5. 여러 가지 매체 자료 사회 6학년 1학기 2. 우리나라의 경제 발전

하늘이 돕고 신이 도움.

거듭 첩	거듭 첩	뫼 산	가운데 중	국어 5학년 1학기
疊	疊	山	中	10. 주인공이 되어
				사회 6학년 1학기
여러 산이 겹치고 겹친 산속.				1. 우리나라의 정치 발전

푸를 청	날 출	어조사 어	쪽 람	사회 5학년 2학기
青	出	於	藍	2. 옛사람들의 삶과 문화
				국어 6학년 2학기
푸른색 염료인 쪽에서 나온 푸른색이 쪽보다 푸르다는 뜻으로, 제자가 스승보다 나음을 이르는 말.				1. 작품 속 인물과 나

다를 타	뫼 산	갈 지	돌 석	국어 4학년 2학기
他	山	之	石	9. 감동을 나누며 읽어요
				사회 6학년 1학기
다른 산의 돌이라는 뜻으로, 타인의 언행이 자신을 수양하는 데 도움이 된다는 뜻.				1. 우리나라의 정치 발전

바람 풍	앞 전	등불 등	불 화	국어 5학년 1학기
風	前	燈	火	2. 작품을 감상해요
				사회 5학년 2학기
바람 앞의 등불, 즉 매우 위급한 상황.				2. 옛사람들의 삶과 문화

두루미 학	머리 수	쓸 고	기다릴 대	사회 5학년 2학기
鶴	首	苦	待	2. 옛사람들의 삶과 문화
				국어 6학년 1학기
학처럼 목을 길게 빼고 기다린다는 뜻으로, 몹시 기다림을 이르는 말.				8. 인물의 삶을 찾아서

봉할 **함**	입 **구**	없을 **무**	말씀 **언**	
緘	口	無	言	**국어** 4학년 2학기 8. 생각하며 읽어요
입을 다물고 아무런 말이 없음.				

외로울 **혈**	외로울 **혈**	홑 **단**	몸 **신**	
孑	孑	單	身	**사회** 5학년 2학기 2. 옛사람들의 삶과 문화 **국어** 6학년 1학기 5. 속담을 활용해요
의지할 곳 없는 외로운 홀몸.				

범 **호**	볼 **시**	노릴 **탐**	노릴 **탐**	
虎	視	眈	眈	**국어** 4학년 2학기 9. 감동을 나누며 읽어요
호랑이가 눈을 부릅뜨고 먹이를 노리듯, 남의 것을 빼앗기 위해 기회를 보는 모양.				

빛날 **휘**	빛날 **황**	빛날 **찬**	빛날 **란**	
輝	煌	燦	爛	**국어** 5학년 1학기 9. 여러 가지 방법으로 읽어요 **사회** 5학년 2학기 2. 옛사람들의 삶과 문화
광채가 나서 눈부시게 번쩍임.				

* 〈부록〉의 교과 연계는 비상교육 교과서를 바탕으로 정리되었습니다.

그림 캔지민

캐릭터의 매력에 빠져 〈마법천자문〉 등 다수의 코믹스와 애니메이션 캐릭터를 만들어 왔다. 특히 화려한 액션 장면과 특수 효과가 가득한 판타지 세상을 좋아한다. 이번에 작가는 상상의 나래를 마음껏 펼치며 『천방지축 천년손이와 사자성어 신비 탐험대』를 그려냈다. 단행본, 웹툰, 애니메이션 분야에서 다양한 캐릭터 디자인을 맡으며 지금도 활발히 활동 중이다.

천방지축 천년손이와 사자성어 신비 탐험대 1

초판 1쇄 인쇄 2023년 5월 5일
초판 1쇄 발행 2023년 5월 25일

지은이 김성효
그림 캔지민
발행인 강선영·조민정
디자인 강수진
펴낸곳 (주)앵글북스
주소 서울시 종로구 사직로8길 34 경희궁의 아침 3단지 오피스텔 407호
문의전화 02-6261-2015 **팩스** 02-6367-2020
메일 contact.anglebooks@gmail.com

ISBN 979-11-87512-84-4 74810

ⓒ 김성효, 2023

* 리틀에이는 ㈜앵글북스의 아동·청소년 브랜드입니다.
* 이 책은 저작권법에 의해 보호를 받는 저작물이므로 무단 전재와 복제를 금하며 책 내용의 전부 또는 일부를 사용하려면 반드시 저작권자와 ㈜앵글북스의 서면 동의를 받아야 합니다.
  잘못된 책은 구입처에서 바꿔드립니다.